BOOK DESIGN
Albireo

はじめに

この人と一緒に仕事してよかったな。

チームのメンバーや新しい取引相手と何かに取り組んでいるとき、そんなふうに思うことってありませんか？

考えてみると僕の場合、そういう相手は必ず「一緒に食事をしたい」と思う人だったことに、最近気づきました。

仕事のあれこれを突き詰めていくうちに、たいていどこかで相手と「目線を合わせる」必要って出てきますよね。そんなとき、率直に意見を闘わせながら互いの目線が合っていくと、不思議といっそう面白い意見につながっていく。そういう相手と一緒に食事をすると、必ずといっていいほど料理がおいしく感じるから不思議です。

接待の席で気を遣ってばかりいると、どんな一流レストランでも料理の味が感じられないことがあるけれど、おいしく一緒に食卓を囲める相手とは、ビジネスもうまくいく。仕事柄、あらゆるシチュエーションの会食の機会を経てきた僕の経験談です。

本書はそうした数々の「食卓」を通じて僕が見つけたことや考えてきたことを、日本のDEAN & DELUCA（ディーン&デルーカ）の歩みとともに、初めて書籍にまとめたものです。

2020年、ディーン&デルーカは日本で独自の歩みを続け、18歳になりました。ニューヨーク発のグローサリーストアがなぜ文化も食の好みも異なる日本で受け入れられたのか。グローバルからローカルへ、どうブランドとして進化してきたのか。

その鍵は、最先端の経営戦略でも、データをもとにした緻密なマーケティング戦略でもなく、「危機」と「失敗」の中にあったと言えます。

ライバルは個人店。日常生活で感じた「なんかいいな」を追求する。一緒に食事をしたい人と仕事をする――今回、改めて「日本にしかないディーン&デルーカを形づくってきたもの」を思い返して気づいたのは、事業を成長させるヒントは日々の生活にあふれているということでした。

そこからどんなヒントを読み取るかはあなた次第。

上司や同僚と、取引先のみなさんと、新しくプロジェクトを手がけることになったはじめましてのメンバーと、一緒に食卓を囲むときに、この本を思い出してもらえたら幸いです。本書がみなさんのよき友となりますように。

目次　食卓の経営塾　DEAN & DELUCA　心に響くビジネスの育て方

2 ブランドの前に人がある――価値をつくるのは看板ではない

3 好きこそ仕事の上手なれ ——興味の熱量がすべてを決める

4 大は小を兼ねない ――「いい塩梅」を追求する

5 — 食卓の経営塾 ——感性を共鳴させる

1

哲学を共有する

――見るべきものは「根っこ」にある

DEAN & DELUCA
Subway

認知度0・1パーセント以下からの出発

クラッシュドアイスに並べられた鮮魚に色とりどりの野菜や肉、あらゆる種類のチーズにスパイスに、瓶詰めされたジャムやオリーブオイル、焼きたてのパンからペストリーまで多種多彩な食材が並ぶその店に初めて足を踏み入れた時の興奮は、今でも忘れられません。ニューヨークのトレンドの中心地・ソーホーに構えるディーン&デルーカの旗艦店は、食の感度が高い人々を中心に愛され、長らくニューヨーカーの食文化に大きな影響を与えてきました。

「こんな店があるんだ！」強烈な印象を残したその店をのちに日本で手がけることになるとは、90年代前半当時の僕には知るよしもありませんでした。

それから20年少したった２０２０年の4月。アメリカのディーン&デルーカが経営不振に陥り、破産申請した――そんなニュースが日本にも駆けめぐり、僕のところにも心配する声が相次いで届きました。

ニューヨーク発の「食のセレクトショップ」として40年以上にわたり人気を博して

1

哲学を共有する

きたディーン&デルーカが日本に上陸したのは2003年。以来、日本のディーン&デルーカの経営に携わってきた僕らを気遣う声は、当然といえば当然だったかもしれません。

だから、僕が「日本での運営には一切、影響なし」と言うと、驚いたような反応が返ってくることが少なくありませんでした。

実は、日本のディーン&デルーカについては、僕が代表をつとめる「株式会社ウェルカム」が2016年に日本国内におけるライセンスの永久使用権を取得し、完全に独立した事業として運営を行っています。

さらに、日本のディーン&デルーカが商品企画やカフェ、ケータリングやオンラインショップの他に、アメリカにはない事業を多数展開し、独自の発展を遂げてきたこと、その結果、いまや本国以上の成功を収めていることも意外と知られていなかったのです。

現在、日本のディーン&デルーカは、マーケットストアとカフェを合わせて全国に50店舗を超えるまでに成長しています。世界中のおいしい食べ物を集めた「食のセレクトショップ」というコンセプトもすっかり定着し、いまでは、「DEAN & DE

LUCA」のロゴがプリントされたトートバッグを街で見かけたことのあるという方も少なくないのではないでしょうか。

もっとも、日本での展開がスタートした2003年当時は、東京でもまだまだニッチな存在。山手線に乗っている20、30代の男女にリサーチをかけても、認知度はなんと0・1パーセント以下というありさまでした。

実際、ここに至るまでの道のりは順風満帆からはほど遠く、それこそ「危機」と「失敗」の連続でした。

人生を変えた、「人」と「店」との出会い

ディーン&デルーカを手がけることになるまで、もともと僕はインテリアやデザインの業界で仕事をしていました。

インテリアからなぜグローサリー（食材店）へ参入することになったのか？　そこには転機となった、いくつかの大切な「人」と「店」との出会いがありました。

大学時代は建築を学び、都市計画に関わる仕事をしたいと考えていたものの、折し

1

哲学を共有する

も時代はバブルが崩壊した直後。スケールの大きな仕事などそうそうなく、建築で身を立てるのは難しい状況のなか、僕が惹《ひ》きつけられたのが、より生活に近いインテリアの分野です。

バブル期の日本では、ファッションや外食産業などが大きく成長しました。「ハレとケ」で言うところの「ハレ（非日常）」のカルチャーに対しては、人がものすごくお金を使い、意識もどんどん高くなった。それはとても素敵なことだけれど、その半面、「ケ（日常）」の豊かさがおざなりになっているのではないだろうか……そんな思いから、これからはより「日常」や「家の中」の豊かさが求められる時代になっていくのではないかと感じ、大学を卒業したあと北米のインテリアブランドを日本で展開する会社に就職したのです。

ちょうど入社したときに1号店がオープンし、順調に拡大しているように見えたのですが、米国市場向けの商品は日本では受け入れられず売上は低迷。わずか3年で経営は行き詰まり、その立て直しに僕も関わることになります。

ビジネススクールで事業再生のイロハを学んだりコンサルタントに相談したりする方法もあるのでしょうが、僕が学びを求めた先は「圧倒的に魅力的な個人店」でした。具体的には、学生時代に好きで通っていた「ジョージズファニチュア」というインテリアショップのオーナーにアドバイザーを依頼することにしたのです。

インテリア業界で特別有名な存在だったわけでもなければ日本一の売り上げを記録していたわけでもないけれど、ただその店が一軒あるだけで街の顔そのものを変えてしまうような、そんな不思議な力を持ったお店でした。

そうした、「大手チェーンにはありそうでない力」を持つ店をつくりたいという思いは、今も僕の原点になっていますし、「ライバルは個人店」というウェルカム・グループのモットーにもつながっています。

この立て直しの中で、彼と意気投合し、今でいうMBOの形でその店と従業員を受け継ぎ、株式会社ジョージズファニチュア（現ウェルカム）を立ち上げることになりました。僕が27歳のときのことです。

デザインを通して家で過ごすことを考えるうちに、自宅でごはんを食べることが大事に思えてきます。自分の好きなインテリアや空間に囲まれていたら、自分の家で料理したくなるし、自分じゃつくれないときは、おいしい惣菜《そうざい》があったらうれしい。

逆に言うなら、インテリアや雑貨はどこまで行っても「器」でしかありません。花器には花が欠かせないように、器の中に「食べ物」が入らなければ、生活は完結しない。お皿やグラスや鍋を扱っていても、「それで何をつくるの?」「どう食べるの?」という具体的なシーンを提案できないことには、生活のイメージが広がらない――日を追うごとに、そんな思いが強くなっていきました。

そこで浮上したのが「カフェをつくる」というアイデア。インテリアショップにカフェを併設し、僕たちが扱っているテーブルや椅子、器などを使って食事や空間を楽しんでもらう体験を通じ、お客さまに「スタイルのあるくらし」を日常的にイメージしてもらおうと思ったのです。

このとき、店づくりの相談に乗ってもらったのは、またしても「圧倒的に魅力的な個人店」のオーナーでした。

世田谷区の駒沢にあったその人のカフェは、駅の近くでもない住宅街の中にあるのに夜中でも行列ができるような、知る人ぞ知る店。なぜこんなに人が集まってくるのか、気になってたまらない存在でした。

自分たちでカフェを作りたいと思ったとき、真っ先に浮かんだのがそのお店だったのです。

そして、この出会いがのちに、思わぬ展開を引き寄せることになります。

1

哲学を共有する

圧倒的な魅力を持つ
個人店に学ぶ。

philosophy

インテリアからグローサリーへ

こうして自分のインテリアショップにカフェを併設したのをきっかけに、僕は「食」の世界に足を踏み入れることになります。

「食」はより日常に密着し、ジャンルも幅広いため、提案の幅もおのずと広がります。そんななか、自然と「食する」ことだけでなく「料理する」ことに興味が膨らんでいき、「食材店」が必要なのではと思うようになりました。

当時はちょうど、外食の次に来るムーブメントとして、「中食」が世界中で注目されはじめたころ。外で食べる外食と家でつくる家庭料理（内食）のあいだが中食ですが、「お母さんがスーパーでコロッケを買って帰る」というような従来の中食のイメージを超えて、外食で豊かさを味わった人が、それと同じレベルのものを自宅でも味わいたいというニーズが増えていました。

仕事柄、買い付けで海外に出張する機会が多かったのですが、ロンドンには「ハロッズ」や「ハーヴェイ・ニコルズ」があり、パリには「ボン・マルシェ」、ベルリンには「カーデーヴェー」があり、そしてニューヨークには「ディーン＆デルーカ」がある。そうした中食の概念を覆すようなグローサリーに出会ううちに、すっかり魅了されていきました。

いわゆる「高級食材店」ではなく、普通のスーパーマーケットでもない。夕飯の献立がばっちり決まっている人が、必要な食材のメモを片手に来る店ではなく、普段はつくらない料理をつくってみたくなるような、あるいは自分ではなかなかつくれない、まるでレストランで出てくるようなお惣菜や、びっくりするほどおいしい、食べたことのない食材との出会いがあるような、そんなお店が「あったらいいな」と、考えるようになったのです。

そんなとき、カフェを一緒に手掛けてもらったあの駒沢のお店のオーナーを通じて飛び込んできたのが、「ディーン＆デルーカを日本でやらないか？」という大手商社からのオファーです。まさにディーン＆デルーカのような店をやりたいと思っていたそのときに、目標にしていたブランドが偶然にもパートナーを探しているというのですから、これはもう「渡りに船だ」と思ったのは言うまでもありません。

とはいえ、実態としては、これまでインテリアショップとカフェしかやったことのない自分たちが、大手商社と組んでまったく未経験の食品ビジネスをやるという、相当に無茶な経緯でスタートすることになったわけです。

船出早々の大ピンチ

ディーン&デルーカが日本で独自の進化を遂げた鍵は、「危機」と「失敗」の連続だった。そうお伝えしましたが、日本での船出早々、その洗礼はやってきました。

日本の家庭の食卓に向けて、これまでになかったような豊かな食を提案する場をつくっていきたいと意気込んでいた僕たちにとって、ディーン&デルーカはまさに「憧れの店」。それを、自分たちの手で日本展開できるという、願ってもない話を前にして、「本当に僕らにできるのだろうか?」などという迷いは一切ありませんでした。

それでも、同じ小売りとはいえ、これまでに扱っていたのはインテリア雑貨。生鮮を含む食料品を扱うのは、本来まったく違うビジネスです。

ディーン&デルーカが海外に進出したのも、日本が初めてのケースでした。マニュアルもガイドもないなかで、僕らがとった手段は、「ニューヨークの店を真似する」こと。しかし、これが失敗の始まりでした。

丸の内に最初の店をオープンしたのが、日本で展開を始めた2003年。その4か

現在の丸の内店。2003年当時と変わらぬ場所で営業している。

1

哲学を共有する

月後、渋谷の「東急東横のれん街」に2店舗目がオープンし、翌2004年春、品川駅の港南口に3店舗目をオープンさせました。

当時の丸の内は、まだ丸ビルができたばかりの完全なるオフィス街で、少しおしゃれなショップが出はじめたころ。品川はといえば新幹線の駅がちょうどできたころで、まだ利用者も少なく、港南口から見える風景も人の流れもいまとはまったく別物でした。

それでも、この街はこれから変わっていく。新しい流れが必ず生まれる。

そんな思いから、これまでにないお店をつくるために、これから変わろうとしている街を選んだわけですが、それもまた、茨《いばら》の道の入口でした。

3店舗の中でも、品川駅港南口の駅ビル「アトレ」のオープンと同時に産声をあげた3号店となる品川店は120坪を超える店舗面積で、かつて自分たちが魅了された、あのソーホーの旗艦店をそのまま再現できる、そう僕らは意気込んでいました。

ニューヨークと同じようにまるごとの魚をクラッシュドアイスの上に並べ、野菜や果物はカゴいっぱいに盛りつけ、羽毛の残った鴨やブロックのまま吊るした牛肉、豚の頭まで鮮度と見せ方にこだわって、まさにマーケット＝市場のような売り場をつく

2004年当時の品川店。生鮮食品を大きく扱っていた。

りました

しかし順調な出だしとはほど遠く、経営はまさに火の車。見た目にはワクワクするようなお店になったはずが、たった3店舗で、当時15店舗ほどあったインテリア事業の全利益を回しても追いつかないほどの赤字を出していました。

僕らが見落としていたのは、そもそもアメリカと日本では食文化が違うということ。アメリカには魚をまるごと煮込んだり、あるいはそのままグリルにしたりといった食文化があるけれど、日本は鮮度に厳しいうえに、刺身にしても、焼き魚にしても、切り身にならないと始まらない。

肉にしても、海外のようにかたまりのまま陳列してあっても、お客さまからしたら、「これはいったい何に使うんだ？」という状態。主に牛肉、豚肉、鶏肉ごとに、しゃぶしゃぶ用とか、すき焼き用とか、ハンバーグ用のひき肉とか切り落としとか、丁寧に用途が分かれている日本の一般的なスーパーとは、まったく売り方が違ったのです。

野菜はといえば、ズッキーニやパプリカなど当時珍しかった海外の野菜が揃《そろ》っている一方で、大根もきゅうりもにんじんもない。

さらに店頭のＰＯＰもニューヨークをまんま真似て、全部英語で書いてみたり、今ならインスタグラムでたくさん「いいね！」がもらえそうな見栄えのいい売り場でしたが、店としてはまったく受け入れられなかったのです。

こうして誰も買わない食材が毎日毎日ロスになっていく現実を突きつけられるなか、「なんとかしなくては」という焦りばかりがつのり、眠れない夜が続きました。

1億円の授業料

さすがにこのままではもたない。そう判断し、2億円かけてつくった品川店を全面的に改装することにしたのは、オープンからまだ半年というときでした。なんとか1億円近い増資にこぎつけたものの、この先、3度目の正直がめぐってくるはずはありません。僕らにとっては背水の陣のリニューアルオープンとなりました。

最大の変更点は、生鮮食品の販売をやめたこと。鮮魚のスペースを使い、チーズと生ハムの売り場を約3倍に広げました。これほどチーズと生ハムが充実している店は東京広しといえどディーン&デルーカ以外にはない、そんな売り場を目指し、肉を売っていたスペースにはそれに合わせてワインの売り場を広げました。

当時の僕たちの課題のひとつが「ディーン&デルーカって何屋さん?」と聞かれてもうまく説明できなかったこと。世間では「高級スーパー」と呼ばれていたけれど、スーパーじゃないし、高価格にこだわっているわけでもない。そもそも日本にはない、市場のようなワクワクする食材店をつくるというのがスタート地点でしたが、なかなかお客さまにピンときてもらえなかったのです。そこでお客さまに実際にディーン&

1

哲学を共有する

デルーカが提案する食の美しさを「体験」してもらう場所をつくることが必要だと考え、いちばん大きかった野菜の売り場をまるごとイートインのスペースに変更しました。「お店で売っているものを、まずはその場で食べてもらう」という現在のスタイルはそのときにできたもので、そこが売り場をつなぐ顔のようになっていきました。

だからこそ今でも、量り売りのお惣菜を扱う全店舗にキッチンを備え、各店でシェフがつくりたての料理を提供しています。多店舗展開のお店によくあるように、セントラルキッチンで全て調理して各店では盛り付けるだけにしたほうがコストも手間も大幅に削減されるけれど、まったく新しい中食の在り方として、レストランのおいしさをそのままグローサリーで提供するためには、各店舗に料理人がいることが必要不可欠だったのです。

外食のプロであるシェフを中食の世界に呼び込むのは正直簡単ではなかったものの、少しずつ僕らのビジョンに共感してくれる仲間が増えていき、お惣菜の枠を超えた味を提供するだけでなく、馴染みの少ない食材を提案する売り場のメンバーにも刺激を与え、よりお店全体にマーケットとしての活気が生まれるようになりました。

外側だけを真似ても、本質を外していては決してうまくはいかない。1億円という高額の授業料を払って、僕らはそれを学ぶことになったのです。

失敗は成長のもと。

philosophy

ソバとパスタ――デルーカさんの教え

手痛い経験を経て日本のお客さまに向き合った店づくりを進めていくなかで、「イートインスペースがある食材店」という現在のマーケットストアの原型ができ、ディーン＆デルーカは「最悪の状態」からは脱しつつありました。

とはいえ、ビジネスがいきなり上向いたわけではありません。店舗の数は順調に増えて売上自体は上がっているものの、なかなか利益が出ない。むしろどんどん赤字が膨らんでいるような状態でした。ここで僕たちの成長は止まってしまうのだろうか、いよいよ限界なのだろうか……そんな焦燥《しょうそう》に突き動かされ、僕は突破口となるヒントを求めて、創業者のひとりであるジョルジオ・デルーカさんに会いにニューヨークに行くことにしました。２００６年のことです。

結論から言うと、この訪問が僕たちの運命を大きく変えました。

デルーカさんに会った僕は、日本の窮状をせつせつと訴えました。

「僕たちは、アメリカのやり方と極力ぶれないようにやっている。残念ながら生鮮食

DEAN & DELUCA創業者、ジョエル・ディーン氏とジョルジオ・デルーカ氏。

品はあきらめたけれど、それ以外はアメリカと同じように店をつくっている。だから、それなりに素敵な店になっていると思うのだけど、全然お客さまが買ってくださらない。もっと言えば、いまだにうちの店が何屋さんなのかということが、いまひとつ日本には浸透していかない……」そんなことを話したと思います。

するとデルーカさんから返ってきたのは、まったく予期せぬ言葉でした。

「きみの店にはソバがあるのかい？」

驚いて「なぜですか？」と尋ねると、さらに意外な言葉が返ってきました。

「きみはソバとパスタだったら、どっちをたくさん食べるんだい？」

ディーン＆デルーカが誕生したのは、１９７０年代のことです。

70年代のアメリカでは、お金を持っている人が豊かだ、自分を飾るモノを持っている人が豊かだという価値観がまかり通っていましたが、一方で食は簡素化し、冷凍食品やインスタント食品が人気を博していた。そんなアメリカの表層的な価値観にデルーカさんは疑問を持ちはじめました。

アメリカという国は、経済的には成長したけれど、本質的な人の豊かさをどこかに置き去りにしてきたのではないか、と。

デルーカさんは当時、高校の教師でしたが、学校教育だけでは豊かさの本質を子どもたちに伝えられないと感じていました。そんなとき、イタリア系アメリカ人でフードブローカーであるお父さんが輸入していた、大好物のおいしいチーズのことに思い至ります。そして、お父さんとともに旅してまわった土地土地の魅力を。

あのおいしさを普段から味わってもらうことができれば、本物の豊かさを届けることができるんじゃないか。それに、自分の好きなものだったら、とことん追求し続ける自信もある。そう考えて一大決心の末、高校の教師を辞め、その名も「THE CHEESE STORE」という小さなチーズ店をソーホー地区に開いたのです。

そのビジョンに賛同したのが、友人であり、当時出版社に勤めていたディーンさんです。「チーズだけじゃなく、イタリア食材だけでもなく、世界にはまだ知らないおいしいものがたくさんある。売れるものじゃなく、売りたいもの、自分たちが食べたくて、食べる価値のあるものだけを扱う店をつくろう。おいしいものを味わう感動は必ず人を幸せにするはずだから」ふたりはそう意気投合して、1977年にディーン&デルーカが生まれるのです。

僕がニューヨークで初めてディーン&デルーカの店舗を目にして心をつかまれた時

点では、すでに15年以上の歴史がたっていました。その間、ニューヨークの人々はディーン＆デルーカが提案する食の豊かさに気づき、それに勢いを得て店も発展していきました。

しかしそれは「ニューヨークの人々、アメリカの人々に向けて店をつくってきた結果でしかない」と、デルーカさんは言うのです。

「きみが参考にすべきは、僕の原点である、最初のチーズストアじゃないのか？」

まさに僕の中でモヤモヤしていたものが晴れた瞬間でした。

見るべきものは「根っこ」にある

「もしきみに、これからもディーン＆デルーカをやる気があるのなら、今、目の前にある店の形ではなく、ディーン＆デルーカの根底にある僕たちの考え方を見るようにしなさい」

デルーカさんはそう続けました。

フォロー・ザ・ルーツ。直訳すれば、原点をたどれ、ということになりますが、「学ぶべきは、その食材がつくられ、伝統的に食されてきた地方《ルーツ》、まさにつくり手の生活の中にある」というのが、ディーン＆デルーカの考え方。

ディーンさんやデルーカさんは、つくり手が何を大事にしていて、現地ではどう食べられているのか、そこまで含めた本物の食文化をアメリカに伝えようと思って、事業を始めていたわけです。でも、僕たちがつくろうとしていたのは、彼らの精神を抜いた表層的なものでしかありませんでした。

「僕は父親の母国であるイタリアの食材を持ってきたけれど、日本にはそれに負けないくらいの食文化があるじゃないか。僕が東京でディーン＆デルーカをやるなら、日本の食材で埋め尽くすね」

デルーカさんのその言葉を聞いたとき、これまで信じていた自分の考え方が、音を立てて崩れていくような気がしました。そして、デルーカさんの語るつくり手の生活に根ざした食文化の魅力を聞くうちに、ようやく自分たちの足元にある日本のすばらしい食文化が、僕の目にも見えてきたのです。

根っこにある哲学《フィロソフィー》さえ共有していれば、あとは自分の視点で世界を見ればいいんだ。そう気づいたのです。

フィロソフィー（哲学）が
根っこになければ、
成功は見えてこない。

philosophy

「本質を伝えることさえできれば、日本の店は必ずうまくいくと思うよ」

最後にそんな言葉をもらって帰国した僕は、デルーカさんの言葉どおり、当時の立ち上げメンバーとヨーロッパ各地の田舎町を回って、つくり手の方々と直接会って話を聞くことを続けました。

それこそ食卓を囲みながら、彼らの食材がもつ歴史や物語に触れていったわけですが、そこで感じたのは、つくり手自身がみな食することを楽しんでいる、ということでした。それと同時に、代々受け継がれてきたやり方や彼らの丁寧な仕事を見るにつけ、「あれ、この感じは日本と通じるものがあるな」と気づくことにもなりました。

そんな学びとともに店づくりのやり方を180度変えることを決心し、あらためて挑戦したのが、ちょうどそのタイミングで新しい〝街〟として誕生した東京ミッドタウンに出店した六本木店です。

そこでは、パスタやオリーブオイルと一緒に、蕎麦《そば》や味噌《みそ》や醤油《しょうゆ》や佃煮《つくだに》を、洋菓子と一緒に和菓子を、紅茶やコーヒーとともに日本茶も並べました。最初は、ディーン＆デルーカに日本の食材が並んでいるのは似合わないことだと思っていましたが、似合わないと思うこと自体が間違っていたのです。

1

哲学を共有する

そうやって肩の力を抜いて、日本の食卓に合うものを丁寧に選び扱うようになったら、売り場づくりにも変化が生まれ、徐々に売り上げが伸びていきました。

僕らがやるべきだったのは、かっこいいお店づくりでも、オリジナルの単なる模倣でもなく、本当にいいもの、おいしいものを世界中から選び抜くこと。都心にいながら生産地の市場めぐりをするような買い物体験をお客さまに提案すること。そして、世界各地の食文化を日本の都市生活に取り入れやすいようにローカル目線で「編集」して、想いをともに届けていくことだった――それが、数々の失敗体験を経て得た、貴重な教訓でした。

いまでは、世界各国から選び抜いたおいしいものと日本全国から選りすぐったおいしいものが、どこの店舗にも分け隔てなく並んでいます。それぞれの食材の使い方や楽しみ方を、店舗はもちろんのこと、料理教室やファーマーズマーケットのようなイベントやウェブサイトなど様々なアプローチで提案していくところまでが、僕たちの役割だと考えています。

京都で「店の力」を知る

店が人を呼び、人が街をつくる。だから僕は、「店づくりは街づくり」とよく言います。それは「街」に限らず、「駅ビル」や「ショッピングモール」でも同じです。

ひとつの店をきっかけに、「場」そのものがポジティブに変わっていく。そんな「きっかけ」になれる店づくりを僕らは目指しています。そのことを最初に僕に教えてくれたのは、京都の街でした。

慣れ親しんだ東京を離れ、京都の大学を選んだのは、日本文化のオリジンとも言える街に住んだとき、自分が何を感じるのか知りたかったというのも理由のひとつです。

想像していたのは、風流な町家の2階から、すだれ越しに道に向かって「おーい、今行くよ」なんて友人に声をかけるシーン。しかし、実際に住んだのは小さなワンルームだったし、そもそも学生が住めるところには町家なんて全然見当たりませんでした（笑）。

　もっとも、イメージどおりにならないからこそ面白くもある。

　事実、京都での家探しでは、とても大切な出会いがありました。

　初めてのひとり暮らしで、ワクワクしながら部屋探しを開始したはいいけれど、「予算が5万円」と伝えると、それなりの部屋しか紹介してもらえません。どの部屋もいまいちだなあとガッカリしていると、最後に1件、「少し離れたところに、ご予算より1万円高い部屋があるんですけど、見てみますか?」と。

　その場所に着くと、部屋を見る前から一《ひと》目《め》惚《ぼ》れでした。というのも、その建物の1階にすごく素敵な雑貨店が入っていたからです。これが、のちに事業を一緒にやることになる「ジョージズファニチュア」との出会いでした。

　アパートの周りは並木道で、その先に修学院離宮《しゅうがくいんりきゅう》の入口があり、いい感じの花屋さんや隠れ家的カフェが何軒もある。恵《けい》文《ぶん》社《しゃ》という、世界の本屋さんベスト10に選ばれたことがあるような書店も近所にありました。

　恵文社にしても、ジョージズファニチュ

アにしても、すごく個性的な店でありながら、「街の本屋さん」「街の雑貨屋さん」として、地元の人たちから愛されている。そんな気のおけない雰囲気も好きでした。

つまり、僕にとって住む場所の決め手となったのは、部屋の間取りでも家賃でもなく、その街の風景と、建物の1階にあった雑貨店がすごく素敵だったから……それに尽きます。そのぶんバイトすればいい！　予算を1万円オーバーしていようが、即決でした。

あの修学院の部屋を思い出すたび、人がその街に暮らすきっかけや理由として、「そこにある店」が決め手になるということは十二分にあると改めて思います。

もっと言えば、人がその街に住むことを選ぶ理由は、実はお店の力なのかもしれません。

素材のいい魚屋さんが一軒あれば、料理にこだわりのある人たちを引きつけるかもしれないし、素敵な花屋さんがあれば、日常の中で花を楽しもうという感性のある人を引きつけるでしょう。恵文社のような書店が一軒あるだけでも、感度の高い人が集まってくる。事実、美大生が多く住んでいることも後になって知りました。

僕らは店をつくってファサードを構えた

瞬間に、街のコミュニティの一部分を担っている。だからこそ、ブランドの知名度やスタイルが確立されることで街の個性を消してしまうんじゃないかという怖さもあります。

街の個性は、細かな要素がたくさんつながりあってできている。僕らが関わる街づくりは、新旧の交ざり合いを大事にした、その街の個性を感じられるものでありたいと思っています。

2

ブランドの前に人がある
——価値をつくるのは看板ではない

DEAN

ライバルは個人店

ウェルカムの合言葉のひとつが、「ライバルは個人店」。

「そもそもお店の魅力ってなんだろう?」と考えていくと、「個人店」という解に行き着くからです。

店のことを考えている人と、実際に行動する人が同一人物であるのが個人店のいいところ。その人の責任において常に最善を尽くそうとするし、判断や決断も速くて臨機応変。気持ちいいくらいに責任逃れがありません。

ところが複数店舗になり、メンバー数も増え、会社が大きくなると、それとは相反することがなぜかたくさん起きはじめます。関わる人が増えると、それぞれの裁量を分け合うから、判断のスピードも遅くなる。

でも、お客さまが求めているのは、「目の前の自分に、お店の人が、その人自身の判断で働きかけてくること」。

僕らが提供する価値を、本当に「豊かだな」と感じてもらうためには、メンバー一人ひとりの気づきが表現になり、それが店先に表れているようなお店でなくてはなりません。

いつ行っても同じ値段、同じ商品、同じサービス——そういう「いつもと同じ」ものによってお客さまが安心感を得ることもあるだろうけれど、それだけでは限られた楽しみしか受け取れなくなる。

僕らは「生活の中の豊かさ」という、曖昧《あいまい》だけど味のある価値観を届けようとしている会社です。だからこそ、同じものでもどこか違うように見えたり、違うように届いたり、新しい気づきやワクワク感を、常にお客さまに提供することを大切にしています。

定番や人気商品がどの店にも同じように並ぶのは決して悪いことではないけれど、そうした全国展開の店の横に、「自家製」「店長のおすすめ」といった手書きのＰＯＰの立ったお店があれば、ついそちらに目を惹かれますよね。当たり前にそれができるのが、個人店の強みです。ひとりの店主がその場で責任をとっていて、熱量が高く、大切にしていることと、やることが分離していない。

一方、「会社がつくったルール」が唯一の物差しになってしまうと、その枠を超えたときに何も表現できなくなってしまう。

2

ブランドの前に人がある

それを避けるためには、メンバー一人ひとりにまで浸透する、背骨のように通ったビジョンと、「こうありたい」「こういうのが好きだ」という思いが欠かせません。

ウェルカム流「風通しのよさ」

そうは言っても、メンバーにどれだけ裁量を持たせるかは、組織では避けられない大きなテーマではないでしょうか。

例えばオーブンで料理するとき、途中で気になって何度も扉を開けてしまい、せっかくの焼き加減がだいなしになることがありますが、新しいアイデアを形にするときも同様。部下の仕事に必要以上に干渉すると、せっかくの仕上がりが別のものになってしまうことがあります。

ディーン&デルーカの場合、新しい企画について、メンバーは現場や会議でしょっちゅう侃々諤々《かんかんがくがく》しています。僕もその議論に入ることはよくありますが、気をつけているのはメンバーと同じ「一票」であること。方向性が分かれるときは立場を超えて徹底的に議論しますが、一度方向を決めたらいろいろ言い過ぎません。

2

ブランドの前に人がある

実際、オフィスでは「こういうアイデアがあるんですけど面白くないですか」「いいね」みたいな会話が廊下や打ち合わせスペースで頻繁《ひんぱん》に交わされています。最近は新規事業への投資のような大きな案件は別として、季節ごとに仕掛ける新しいプロモーションやイベント、プロジェクトなどに、社長の僕が細かく口を出すことは少なくなりました。

特に商品のことや店舗での企画は基本的にはすべて事後報告で、最近では、お客さまへのご案内メールを見て、「へぇ、こんなことやるんだ」とあとで知ることも少なくなかったり（笑）。

これにはもうひとつ利点があります。

僕が知っている内情の大半はお客さまと同じレベルなので、お客さまの目線で判断ができるのです。逆に、お客さま目線でおかしいと思うことは、徹底的にやりあいます。

一度、こんなことがありました。

シーズナル企画で、限定販売のプリンが店頭に並んでいたのですが、「賞味期限は本日限り」のはずが、午後の段階で半数以上売れ残っている。

それは、原材料からこだわってつくっている人気のメーカーさんの食材と、岩手の有機牧場で生産されたタマゴを使った、本当においしいプリンでした。それなのに、POPには「DEAN＆DELUCAチョコレートプリン」としか書いてありません。実はパッケージに小さく生産地やメーカーさんの情報が書かれた説明があったのですが、文字が小さすぎて、全然目に入ってこなかったのです。

さすがにそのときは、「書いてあるかどうかではなく、伝わっているかどうかが大切。店頭こそ熱量を持って物語を伝えないともったいないよ」と現場でダメ出ししました。

ディーン＆デルーカでは「食が主役」。POPの大きさや色などに頼って食材本来の魅力を邪魔してはいけないという考えがあります。さきほどのケースも、そのルールからいけば決して間違ってはいないのですが、プリンのように容器が小さい場合、パッケージそのものに刷られた説明書きでは店頭でお客さまの目には入らない。だからこそ、「どうすれば食材を主役にしたうえで、その魅力を伝えられるか」を現場目線で考える必要があります。店舗の大きさや時間帯、お客さまのその時々のニーズなど、店頭は常に動いているため正解はひとつではありませんが、このときは、黒板を使ってプリンの背景にある物語を伝える方法を採ることに至りました。

こういうとき、根っこのフィロソフィーが共有されていれば、ちょっとしたひとことですぐに軌道修正がはかれるのですが、ときには「言ったことが今ひとつ通じていないな、目線が合ってないな」と思うことがあるのも事実。つまりは「根っこが違う」のです。

重要なのは、起きた事象より、「なぜそうなったのか」。その部分での認識がずれていなければ構わないけれど、根っこが違っているとしたら問題です。

うちにはパートナーと呼ばれるアルバイト社員も含めて、約2000人のメンバーがいるので、全員ときっちり目線を合わせるのは簡単なことではありません。幸いなことに、プリンのケースは一発で伝わったけれど、彼らだって最初から僕と目線を共有していたわけじゃない。メンバーと目線を合わせるには、やはり普段どれだけ根っこの話をしているかが重要です。

このところ権限委譲の必要性が話題になりますが、委譲する際にどれだけ根っこを合わせられるかによって得られる結果は変わってきます。わかっているはず、目線を合わせたつもり、はNG。丁寧に伝える、その上で日常的な雑談や定期的なミーティングをやる。ときどきごはんを一緒に食べながら、さらに深い話をしていく。

逆に言えば、根っこさえ合っていれば、みんなが自由に行動しながら同じ方向を向いていられる。それが僕ら流の「風通しのよさ」なのかもしれません。

根っこに1ミリの
ズレがあるだけで、
お客さまに届くときには
そのズレが1メートル、
1キロくらいに開いている。

philosophy

トートバッグの話

創業者デルーカさんの教えを取り入れ、目指すべき店の方向性がしっかり見えてきたものの、急に利益が上がるほど簡単に形にはなりませんでした。そんなときにやってきたのがリーマンショック。日々新しいことへの挑戦の連続で貯えがなかった自分たちにとっては、苦しい時期が続きました。

このときディーン＆デルーカを支えた「功労者」こそ、２００７年にブレイクした「トートバッグ」です。

いわゆる「エコバッグ」の走りと言われるようになったディーン＆デルーカのロゴ入りトートバッグですが、実のところ、僕たちが「エコバッグ」と称して売ったことは、今まで一度もありません。

ニューヨークでは90年代からエコをテーマにしたムーブメントが始まり、一般的になりつつありましたが、僕らは環境問題を意識しながらも、あくまでライフスタイルとして、お客さまが「いいいな」「かわいいな」と身近に感じていただけるよう提案し

今では定番商品のひとつとなったトートバッグ。

ました。だから、特別な仕掛けやプロモーションを打つこともしなかった。それが、これほど「爆発」しようとは、思ってもみませんでした。

トートバッグがブレイクした理由のひとつには、ＳＮＳの影響があったと思います。当時はｍｉｘｉが流行していて、少し後になると日本でもフェイスブックの利用が広がるようになりました。

そんななかで、読者モデルと呼ばれる方たちや、ファッション・スタイリストさんが、ディーン＆デルーカのトートバッグを「いいね！」と言って使ってくださり、同時多発的にＳＮＳや雑誌で発信するようになったところ、爆発的に売れはじめた。

まだ「インフルエンサー」という言葉もなかったころの話で、とりたてて宣伝などをお願いしたわけでもなく自然発生的に人気に火がついたのです。

誰かの押しつけや理屈ではなく、お客さまが「なんかいいな」と、自分事としてライフスタイルに取り入れてくださる。それが、トートバッグがいまだに続くロングセラーとなったことのひとつの理由なのかなと感じています。

「雑貨店」の発想

この時期、僕らがつくった仕組みのひとつが「プロモーションエリア」でした。

どういうことかというと、お店のど真ん中、入ってすぐ目に飛び込んでくる場所に、一定のスペースをプロモーションエリアとして設定したのです。

そこでは、毎月違うテーマでプロモーションを行います。こうした仕組みは、ニューヨークのディーン&デルーカにはなかったし、当時の日本のスーパーにもありませんでした。

季節を感じる花器を添えたプロモーションエリア。

この発想がどこから来たかというと、ウェルカムで生活雑貨を扱う「ジョージズ」や「シボネ」でライフスタイルを提案するなか、培《つちか》ってきた経験でした。

雑貨やインテリアを扱う店には、たいてい入口に「平台」と呼ばれるスペースがあり、季節やその時々で、新しい商品や提案したいアイテムを置いています。アパレルショップのトータルコーディネートをほどこしたマネキンのようなもので、ライフスタイルを「提案」する、そうしたプロモーションのためのスペースが、ディーン&デルーカにも必要だと考えたのです。

2

ブランドの前に人がある

例えば、朝食のプロモーションなら、パンケーキミックスとグラノーラとハチミツとジャムが並んでいて、そこにレシピ本や小ぶりのフライパンもあって……というふうに、お客さまが具体的にライフスタイルを想像できるようトータルで提案していくわけです。

グローサリーに平台を取り入れるアイデアや、プロモーションの仕掛け方、さらにそれをウェブサイトやカタログに広げていくという発想も、すべて雑貨を扱う経験がもたらしたものです。

当時のディーン&デルーカのキーパーソンのひとりは、もともとキッチン雑貨やアパレルのバイヤー経験のある女性だったのですが、その他のコアメンバーもほとんどが雑貨店や商社、ホテルやレストラン出身で、スーパーや百貨店といった食料品販売を扱う業界出身のメンバーは誰もいませんでした。だからこそ、固定観念にとらわれない発想ができたのかもしれません。

外食で培った技術、商社で学んだ開発力や仕組みづくり、雑貨店を通して得た提案力など、それぞれの強みをフルに生かす。それが、あの大変な時期を乗り切る原動力になったのだと思います。

専門外だからこそ、
枠を超えた発想が生まれる。

philosophy

時代を感じて「引き寄せる」

トートバッグのヒットとほぼ時を同じくして、日本でも「地産地消」や「食のトレーサビリティ」といった言葉をよく聞くようになりました。

そのきっかけになったのは「ＢＳＥ（狂牛病）問題」と「中国製冷凍ギョーザ事件」でしょう。

ＢＳＥ騒動が始まったのは２０００年代の初めですが、有名チェーン店の牛丼が一時販売中止になるなど問題は長引きました。また、中国製の冷凍ギョーザで中毒者が出たのが２００７年末から２００８年初めのこと。その合間に、産地偽装や消費期限偽装といった事件もあり、日本中で連日「食の問題」が報道されていました。

つまり、日本人の「食の安全」への意識が高まっていった時期と、僕たちが方向性を改めて世界の食の産地を追いかけ、背景にあるつくり手の思いや味わい方を伝えることを大切にしながら店舗を展開するようになっていった時期は、ぴったり重なるのです。「わからないながらに感じる」ことも、ディーン＆デルーカが躍進する大きな追い風となりました。

世界的な長寿国と言われる国で、伝統的かつヘルシーな食文化を先人が築いてくれたおかげか、日本ではそれまで「食の安全」に疑いをはさむことはあまりしてこなかった。しかし裏を返せば、知らないところで食に関する様々なことが、経済成長とともに脅かされていたわけです。

デルーカさんのフィロソフィーを知り、海外の生産地をめぐって、多くのつくり手たちが食の表向きの豊かさだけでなく、そこにある危険を感じ、「本質」を大切にしたいと思いはじめていることを肌で感じ取るうちに、日本にも同じ流れが来るだろうと予感するようになりました。

そんな矢先に一連の食の問題が起きたことで、日本の消費者のあいだでも「オーガニック」であることや、生産者が見える食材へのニーズが高まっていった。

そのころには、僕らはすでに産地の表現にこだわり、お客さまとつくり手をつなぐブリッジになろうとしていました。ちょうど、自分たちがやってきたことに世の中の流れが一致した形です。

ムーブメントは起きたあとなら誰もが理解できるけれど、起きる前はフワフワしている。だから、もしフワフワした「こうあったほうが素敵だな」と思う存在に気づいたら、その存在の本質を探り当てること。僕らの場合は、ヨーロッパ各地の田舎で暮らすつくり手の人々に出会って生活に触れ、観光地ではないその土地の奥にまで入っていくことで、「なんとなくいいな」と感じていたフワフワしたものの本質が見えてきました。

本質を探り当て、それを正しく伝えられたらムーブメントはいずれ起きます。必要なのは以下の3つの要素が揃うこと。

ひとつめは「ビジョン」。単にどこかで「流行《はや》っているから」ではなく、なぜそうあったほうがいいのかという理由とそれを人々に伝えるエネルギーが自分の中にあるかどうか。

ふたつめは「賛同者」。自分と同じくらいの熱量でそのビジョンを応援してくれたり、一緒に行動を起こしたりしてくれる仲間はいるか。もし仲間が集まらないなら、それは目指す方向かタイミングが、時代に合っていないということです。

最後は、「時代の流れ」を引き寄せられるかどうか。よく「時流を読む」と言いますが、時流というのは「読む」というより、ただ近くに感じて仲間を増やしていけば、自然とそれを自分のほうに引き寄せることができるというのが僕の持論です。

流行は、誰かのふわっとした
「なんかいいな」から始まる。

philosophy

2

ブランドの前に人がある

「このほうが流行る」と言っているようでは、時すでに遅し。そもそも「流行る」と感じるということは、すでにそこに潮流が見えているわけで、その潮流を導いている人が自分よりももっと前にいるということになります。

そうした流れに乗るのも悪いことではないけれど、自分の前にいる人がなぜその潮流をつくったのかを理解せず、ただ流れているからという理由で乗っていると、潮目が変わったときにそのまま振り落とされてしまうでしょう。

それが、よくいう「ゼロイチ」を起こせる人とそうでない人の違いではないかと思います。前者は、時流が変わると自分で勝手に舵《かじ》を切って次に行くけれど、後者は舵を切るところまでは見ていないので、流れが変わった瞬間「あれ?」となってしまう。

ビジネス書ならば、「こういう戦略でエコバッグを売ったら大ヒットしました!」と言ったほうが受けるのかもしれませんが、そういったマーケティングやアナリティクスよりも、直感的に「こっちのほうがいいよね」「これって面白くない?」と感じることを掘り下げ、賛同者を集って丁寧に広げていけば、時代はあとから自然とついてくる――そんな気がしています。

ゼロからのブランドづくり

こうした追い風を受けてようやく事業が上向きになりはじめたと思ったのもつかのま、思わぬ事態が発生します。

それがライセンス更新騒動です。

僕たちが最初にアメリカのディィーン＆デルーカとライセンス契約を結んだのが2002年。契約期間は10年で、2012年に契約満了だったのですが、僕はのんきにも、「事業がうまくいっているのだから自動的に更新できるだろう」ぐらいに考えていたのです。

そもそも契約当初、アメリカ側にフランチャイズや海外展開に対する準備がなかったため、それらの仕組みをほぼ自分たちでゼロからつくるほかなく、途中から逆にこちらから情報提供するようになり、日本がリードする側になっていました。いわば、親と子が逆転していたわけです。

そうやって10年間全力投球でやってきたわけだから、続けない理由はないと思い込んでいたのですが、相手が続けてほしいと思うかどうかは別問題。

アメリカ側としては、この10年の日本の成長ぶりに大きな可能性を感じたようで、更新するならもっとライセンス料を、と考えたのでした。

2002年の段階ではすでにディーンさんもデルーカさんも実務から退いていて、僕らとの契約は当時のオーナーの独断だったうえに現場には何も共有されていなかったため、契約後ニューヨークの本店に行っても、現場の人たちは僕たちのことを誰も知らず、「何しに来たの?」という状態でした。「日本で1年後にこのくらいの店をオープンするから」と言うと、「おお、そうか、頑張って」と。

「えっ、教えてよ……」とは言っても、肝心のこれまでの記録が残っていない。1977年に1号店ができた当時の写真もなければ、どういうルールでやってきたのか、商品の良し悪しは誰が決めているのか、すべては経験と歴史の積み重ねで、何も記録がないんです。良くも悪くも、記録もルールもなく、まさに感覚的経営のまま大きくなっていた、というのが実情でした。

店舗のレイアウト図面もなく、ショーケースの大きさや形、すべて現場で一から計測して図面を描き起こしたのはもちろん、商品サンプルもなければグループとしての社割もなし。だから商品の仕入れは、定価で買って日本に持ち帰って、ラベルを見ながら一軒ずつ製造元に問い合わせて交渉するしかありませんでした。

「ディーン&デルーカジャパンです」と言うと、電話口で「え？　ジャパンなんてあるの？」と言われることの繰り返しで、ロイヤリティーを払ってこれですから、最初はほとんど悲劇でした（笑）。

唯一、そのころアメリカでマイケルという創業者の哲学を受け継いだ商品のバイヤーチーフと仲良くなり、わからないことを質問攻めにして徐々に店としての形がまとまっていったのですが、のちに彼の紹介でデルーカさんを訪ねるまで、ディーン&デルーカのフィロソフィーもわからずに表面だけをなぞることになったのは、こうした経緯もひとつの要因でした。

もっとも、あれこれ細かいマニュアルが存在せず、ゼロから日本でのブランドをつくりあげなければならなかったからこそ、ルールにとらわれず自分たちで判断することができたわけであり、それがのちの僕たちの血肉となり、強さになっていると思うと、ある意味では、よい経験だったと言えるかもしれません。

2

ブランドの前に人がある

看板よりも人に価値がある

実はライセンス更新の騒動が持ち上がったころ、アメリカの本社ではすでに経営が悪化しつつありました。

当時、アメリカでは自然食品を主力にした「ホールフーズ・マーケット」が大きく成長していました。オーガニックフードが注目され、競合店が続々と現れるなか、過去にとらわれ進化しなくなったディーン&デルーカは経営が厳しくなっていった。創業者であるディーンさんとデルーカさんのフィロソフィーやビジョンを共有せず、これまでの焼き直しに陥っていたことは想像に難くありませんでした。

一方、日本の事業はうまくいっている。だからできるだけそこから利益の穴埋めをしたい。オーナー・サイドにしてみれば当たり前の経営判断で契約更新の交渉に臨んできたわけですが、ゼロから日本でブランドを育ててきた我々としては当然納得がいきません。

ロイヤリティの問題や巨額のアドバンス（前払い金）など、アメリカ側にはいろいろ無茶な要求をされましたが、そもそもどれも体力的に無理な話です。

要求通りにすれば、自分たちの成長もおぼつかなくなる。まさに八方塞《ふさ》がりの状態でした。

そこで僕は何をしたか。知り合いの紹介をたどり、法律や金融といったグローバルビジネスの世界での「ケンカの仕方を知っている人たち」に相談に行ったのです。このとき複数の方から同じように言われた言葉が、状況を打開するカギになりました。

自分がやっていることを本当に信じられるなら、自ら動かなくても勝機はある。

もし、僕らがつくった店が、オリジナルよりも強度があるのだとしたら、本国の彼らにも、それを容易に真似することはできない。だったら、そう簡単に契約を切ったりはしないはずだというのが、その道のプロが教えてくれたことでした。

「ディーン＆デルーカの看板を下ろしてでも、やってやるぞという覚悟はあるのか」

「看板を書き換えてでも自分の店をやりたいのか。それともディーン＆デルーカじゃなきゃダメなのか」そう言われたとき、そもそも日本でその看板の価値をつくったのは誰だっけ？　ということに行き当たりました。

売られたケンカを
買わないのも、
ケンカの勝ち方のひとつ。

philosophy

認知度0・1パーセント以下だった日本のディーン&デルーカをここまで育ててきたのは、他でもない自分たちじゃないか、と。

僕たちは、デルーカさんが教えてくれた「本質」を大切にして信頼と経験を積み重ねてきたのであって、ディーン&デルーカというブランドにぶら下がってきたつもりは一切ない。

だったら、仮にライセンスがなくなっても、もう一回この価値をつくり直せばいいじゃないかということに、チーム全員が納得できたのです。

それで、実際にずっと動かず、これまでやってきたことへの自信だけを武器に、のらりくらりと契約交渉を続けました。

アメリカ側の姿勢は強硬で、僕たち以外の日本でのパートナーを探す動きも聞こえてくるほどあからさまでした。

それに対して僕らができたのは、精一杯強がりながら答えを出さず、相手にゆだねるということ。

あなたがたが僕らを切りたいなら切ればいい。でも、切ったらその瞬間に、この店は形だけとなり、その中身を失うことになる。少なくとも僕らのつくったそれはなく

2

ブランドの前に人がある

なるけれど、みなさんが自分たちで一からつくり直してもいいというのなら、それは仕方のないこと、そう返しました。

パートナー候補の企業からしてみたら、ディーン&デルーカジャパンでそれまで培われてきたノウハウや人脈、ブランドを支える「人」、全部まるごと譲ってくれないなら、よい買いものとはならない。複雑な事業の構造もまた、障壁となってくれたことは間違いないでしょう。

結局、なかなか結論が出ないまま膠着《こうちゃく》状態が3年間続いたあと、ついにアメリカが折れ、事業の正式な継続が可能になりました。

このときばかりは、メンバーと思わず快哉《かいさい》を叫びたい心境でした。

ケンカを買わずして勝ち取ったぞ！　と（笑）。

売られたケンカはつい買いたくなるし、期限がある場合は気が焦るあまり、お金で解決できるものなら妥協して解決してしまおうと考えるかもしれません。

でも、自分たちがどうしたいのかという「本質」を見失うような解決なら、むしろしないほうがいい。

すべてを取り上げられても、明日になれば一から始められるという自信があるのなら、あえて「動かない」のもひとつの戦略です。

2 問題だらけの卒業制作

ブランドも、店も、会社も、まずは最初に「人」ありき——僕がそう考えるようになったルーツを振り返ってみると、大学時代の卒業制作に思い至ります。自分で言うのもなんですが、「問題作」でした（笑）。

大学の建築学科とは、「建物」のつくり方を学ぶ場です。そのために、世界的に有名な建築家の考え方を学んだり、構造力学を勉強したりするわけですが、「形」としての建築の知識は確実に積み上がっていく一方、大きな枠組みの中で様々なことをコントロールしたり、型にはめたりすることを優先して考えるのに、少しずつ違和感を覚えるようになりました。

「建築って、そこに暮らす人や、その街のためにつくるものなんじゃないの？」そう感じるとともに、なんなら建物のほうがそ

COLUMN

Follow the Roots

の中で暮らす人よりも優先されると言わんばかりの建築との向き合い方に、これでいいのかな、という思いが拭えませんでした。

そもそもの建築は、その中で暮らしてきた人々の生活様式の表れであったはず。ならば、住む人の生活スタイルに合わせて建築ももっと柔軟に変わっていくべきなのではないか。

もちろん、何百年、何千年という歴史の中で確立されてきた様式をリスペクトする気持ちはあるけれど、僕の中でソフトとハードのどちらにプライオリティを置くかと問われれば、それはもう間違いなく「ソフト」のほうなのです。

そんな主張を込めた卒業制作は、精緻《せいち》な模型の代わりに、まっさらな構造体のみを提出しました。「ここにどんな意匠がつこうが、どんな色になろうが、どんな形に変化しようが、それはそこに暮らす人、そこで何かを企てたい人が決めることであって、建築家が決めることではない」そんなふうに伝える意図があったと言えばかっこよく聞こえるけれど、考えてみればひどい学生ですよね（苦笑）。

このとき、卒業制作のゲスト審査員として来てくださった安藤忠雄《あんどうただお》さんには、「きみは建築をやめたほうがいいね」と苦笑いされました。でも、それに続けて安藤さんはこうおっしゃったのです。「代わりに、きみは建てる（発注する）側になりなさい」と。

今にして思えば、安藤さんは「建築に対する知見や想いを持った発注者に、もっと増えてほしい」と願っておられたのではないでしょうか。

まず「人」ありきと言うならば、建築家としてではなくても、建物の中で生活する立場から、建築の力を引き出すために尽力してほしい——そんなメッセージだったのだろうと勝手ながら解釈しています。

われながら生意気な卒業制作を提出したものですが、そんな思い出も僕にとって大切なルーツのひとつ。若いうちに、少しばかり無鉄砲な主張をしてみることも、貴重な経験になるのだなと、今思い返しています。

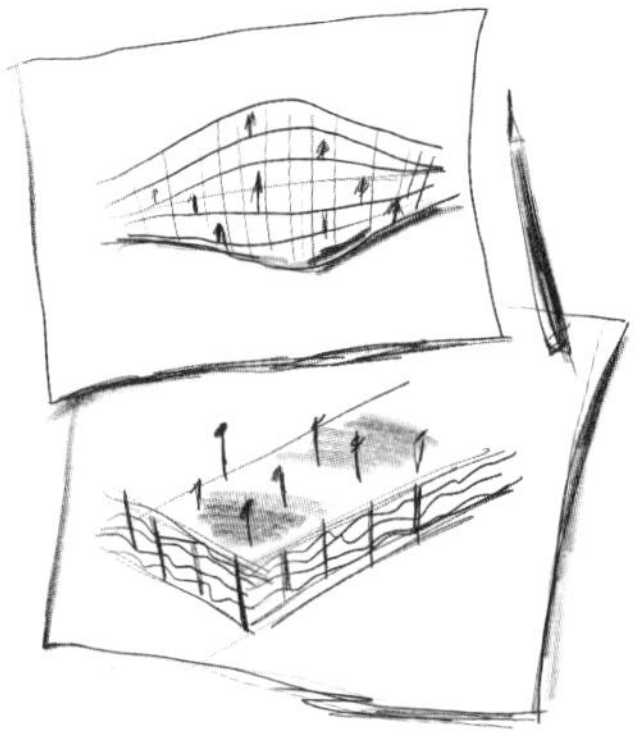

3

好きこそ仕事の上手なれ

――興味の熱量がすべてを決める

頭の中を「ビジュアル化」する

僕にとって、会社のあり方を考えるうえで欠かせないツールが「絵」です。

未来の事業を考えるときも、新しいプロジェクトの企画をまとめるときも、僕はあれこれと文章でコンセプトを考えたりせずに、まずは絵にしてみます。

例えばひとつのプロジェクトを「木」になぞらえ、何が根っこで、何が幹で……みたいな感じでイラストにすることもあれば、マトリクスのような図に起こすこともあります。

自分の頭の中身を誰かに説明するには、絵や図にして「可視化」するのがいちばん手っ取り早い。ビジュアルで見せると、相手の気持ちもグッと入ってくるのがわかるし、自分の中で理解が深まります。

左のイラストは、2004年にニューヨーク出張した際にインスパイアされたキオスク・モデルのアイデアをノートに書き留めたもの。今ではこうしたノートが50冊以上になりました。

3

好きこそ仕事の上手なれ

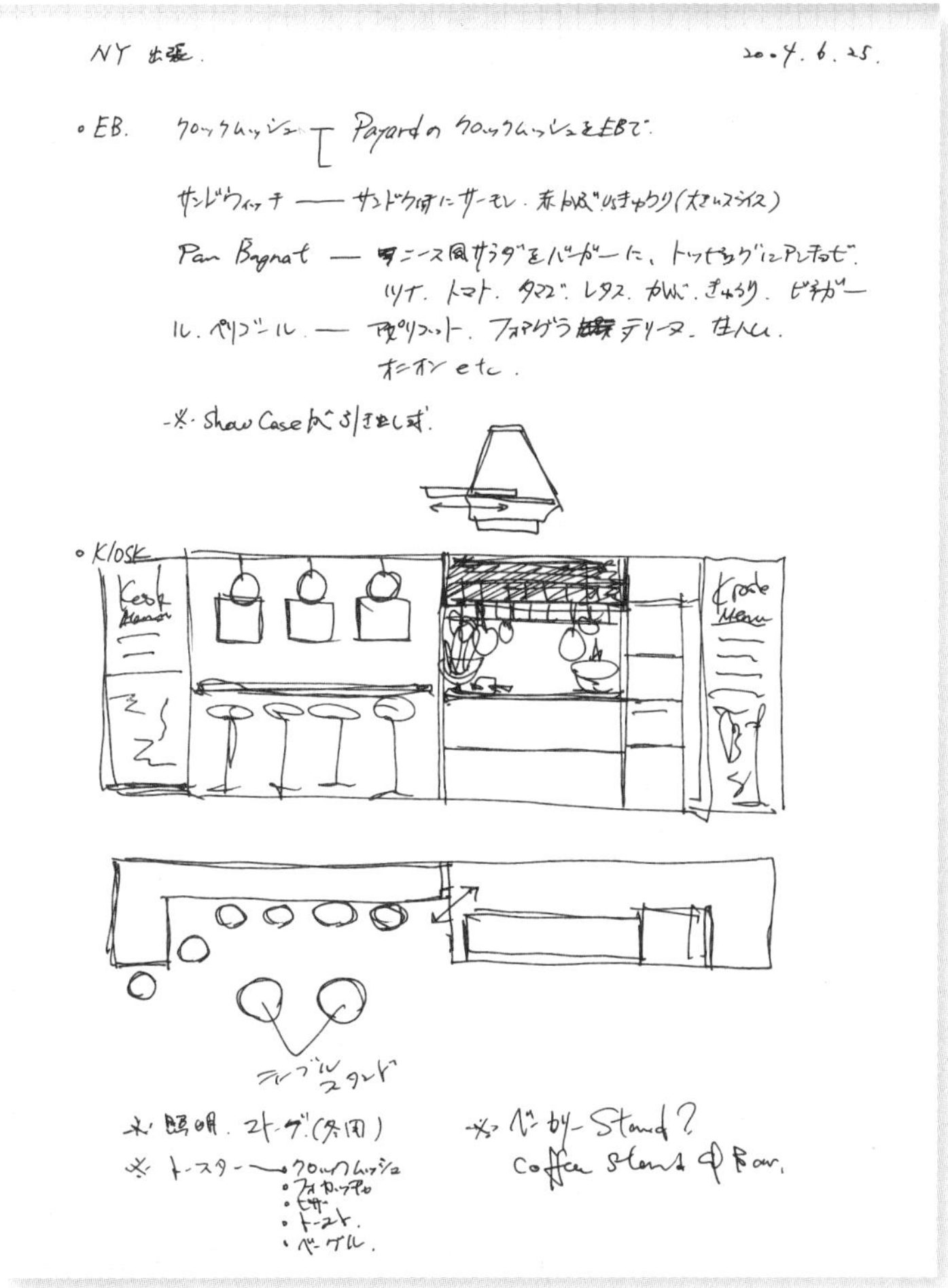

昨今、ビジネスパーソンにはアート的なセンスが必要だとよく言われますが、考えていることを的確に絵にするには、「アート」と「サイエンス」の両方の頭が必要です。マトリクスやチャートなどを起こして、物事と物事の「関係性」を明らかにするのは「サイエンス」の頭。

物事の「構造」を明らかにするという意味では、建築にも似た作業であり、まさに大学で建築を学んだ自分の得意分野と言えます。

一方、物事の「性格」をビジュアルで説明するためには、「アート」の頭が必要です。同じチャートでも、すべての要素を同じ大きさの四角で表現するのと、様々な大きさの四角や丸を使って表現するのとでは、相手に伝わるイメージの幅がまったく変わってきます。

3

好きこそ仕事の上手なれ

プロジェクトの発端は
アート的な思考や
直感的な好き嫌い、
それを持続させる戦略は
サイエンスの領域から
生まれる。

philosophy

まずは「手書き」から始めよう

左の図は、２０１４年ごろに描いたディーン＆デルーカの「フューチャーマップ（未来の組織図）」ですが、四角いハコがずらずら並んでいるだけの組織図よりも、格段にグループの全貌をイメージしやすいのがおわかりいただけるのではないでしょうか。

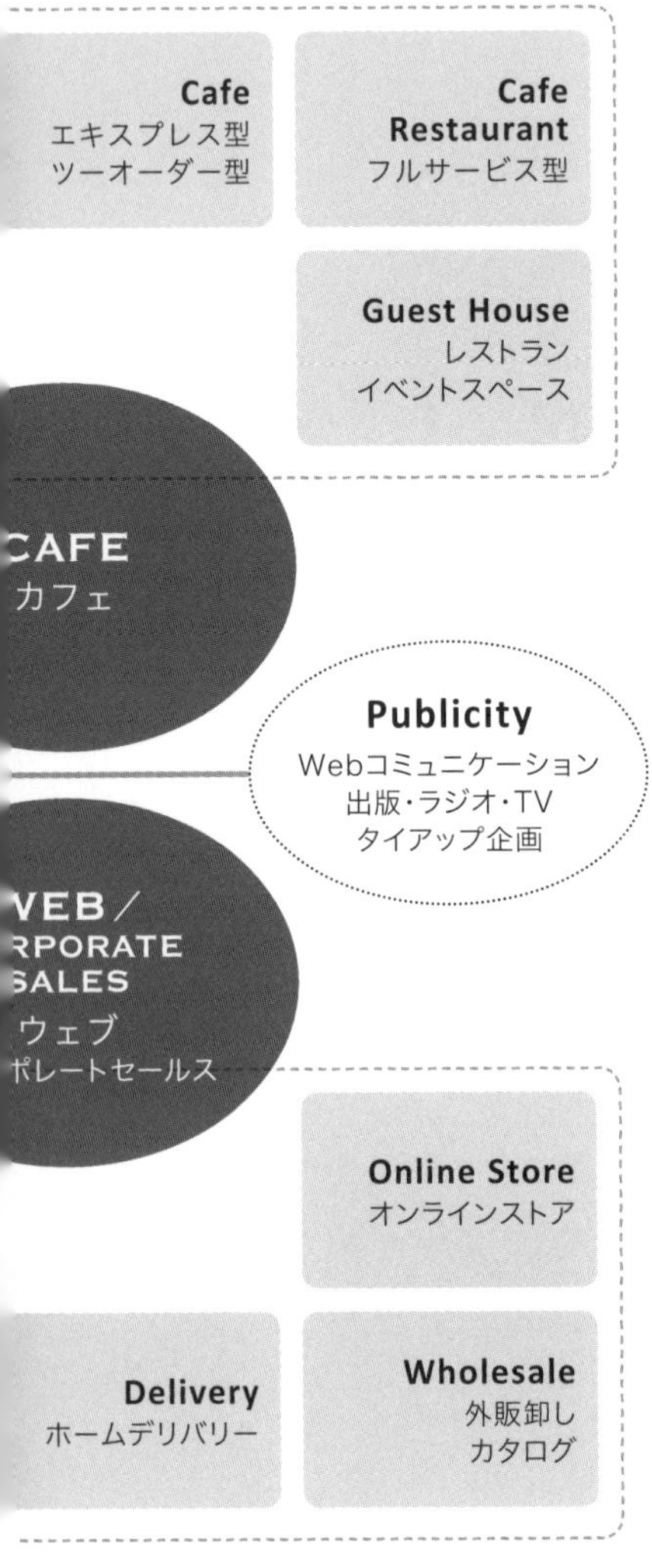

3

好きこそ仕事の上手なれ

FUTURE OF DEAN & DELUCA

このように、会社の未来をビジュアル化したマップをメンバーと共有すると、「この事業を始めるときは私にやらせてください」とか「こういうプロジェクトがあってもいいんじゃないですか?」と言ってきてくれる人が出てきます。

可視化された未来は、メンバーのモチベーションを上げるのにも一役買っているのです。

このフューチャーマップは、パワーポイントできれいに仕上げてありますが、実はこれはメンバーの労作。僕が絵や図を起こすときは、必ず「手描き」です。会議中にディスカッションしながらホワイトボードや大判の紙に描いたり、そのあとひとりこもって創造性を広げたり、まずは枠にとらわれず手描きしたものをメンバーがあとからパワポなどできれいに整えます。そこにメンバーの新しいアイデアなども加えられて、最終的にブラッシュアップされていくわけです。

僕がよく絵を描くのは会議中や人の話を聞いている最中……と言うと、なんだか相手の話を聞いていないみたいですが、絵にすることで話の理解を深めています。

出張中の移動時間に描くことも多いですね。とくに海外に行った帰りの飛行機では、現地で受けたものすごい量のインスピレーションからアイデアが次々と湧いてくるので、それも全部絵にします。

3

好きこそ仕事の上手なれ

飛行機の中でノートに描いた絵を、早く見せたい一心でスマホで撮ってその場で送ったら、「夕日が差し込んでいてよく見えない」とメンバーに言われたこともありました(笑)。

最初に「手描き」にこだわるのはなぜなのか。ひとつには、僕が建築科の学生だったからでしょう。

90年代までに建築を学んだ学生にとって、三種の神器といえばT定規、三角スケール、トレーシングペーパーです。T定規とは文字通りT字型になった定規で、縦横の線を引くためのもの。これらを使って、自分の頭の中にあるイメージを、まずは自分の筋肉を通して出力するという作業を徹底してやるのです。

しかし時は流れ、いまやコンピュータで設計図を描く時代。建築科の授業からはT定規が消え、CADに取って代わられました。

CADを使うと、マウスをピーッと引くだけできれいな正方形や正円が描けます。ですが、これに慣れるとコンピュータに与えられた枠の中でしか図形を描けなくなってしまう。これまでになかったような形や絵を描きたいのに、コンピュータのせいで表現の幅がすごく狭くなってしまうのです。

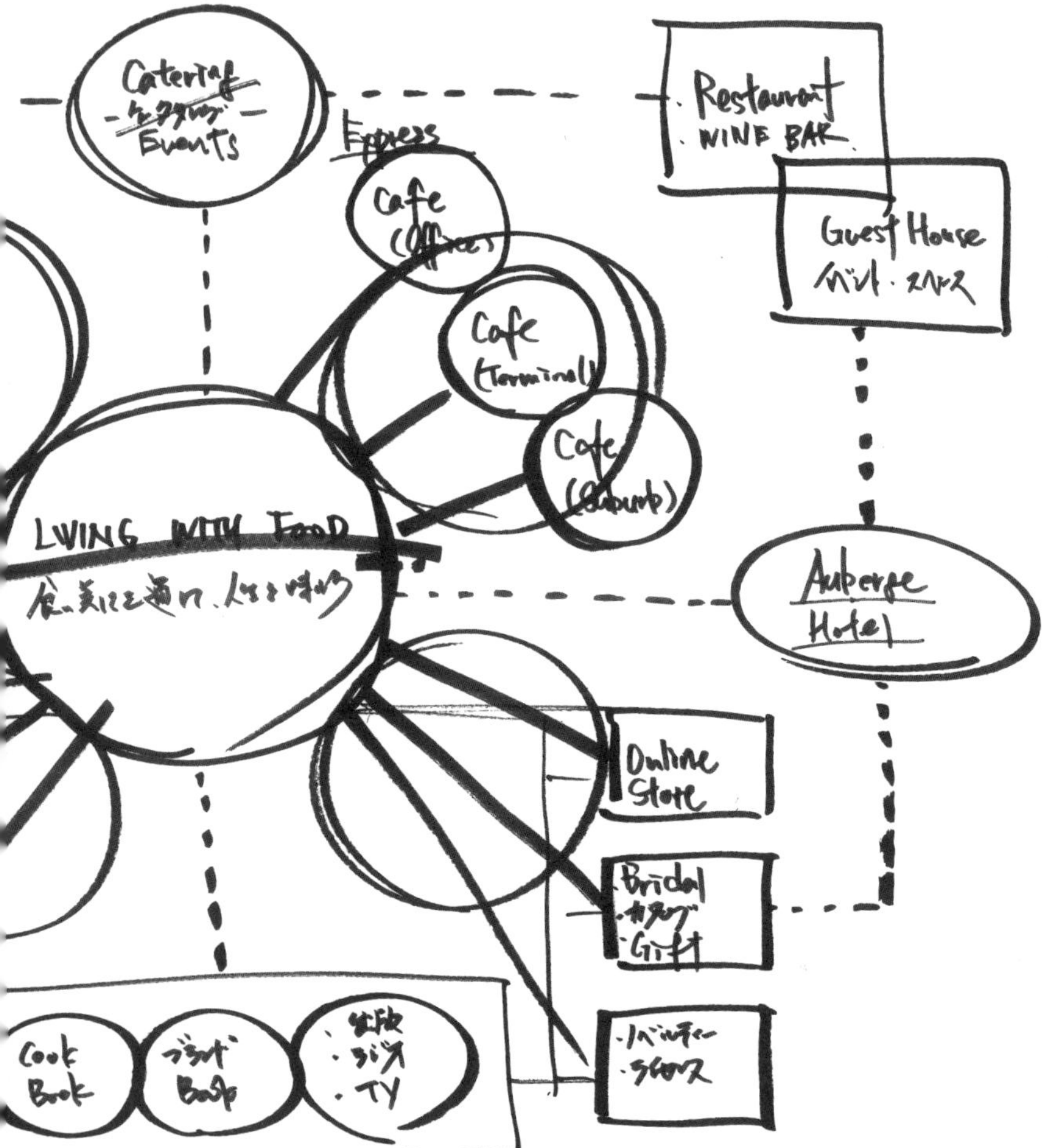
Catering
Events
Express
Cafe (Office)
Cafe (Terminal)
Cafe (Suburb)
Restaurant
WINE BAR
Guest House
イベント・スペース
Auberge
Hotel
LIVING WITH FOOD
Online Store
Bridal
カタログ
Gift
Cook Book
ブランド Book
出版
ラジオ
TV
ノベルティー
ライセンス

3

好きこそ仕事の上手なれ

右にあるのが、実際、僕が手描きしたフューチャーマップのたたき台です。ビジネスパーソンにも、パワーポイントで図を描く人が増えましたが、僕のおすすめは、ヘタでもいいからまずは紙とペンで、枠にとらわれない自由な絵を描いてみること。そして、その上にトレーシングペーパーをかけて、自分で上からなぞってみるのです。

そこで、修正したい部分が出てきたら直す。ただし消しゴムは使いません。それを何回も繰り返す。トレペがなければ、ぐちゃぐちゃになってもいいので上から何重にも描きます。

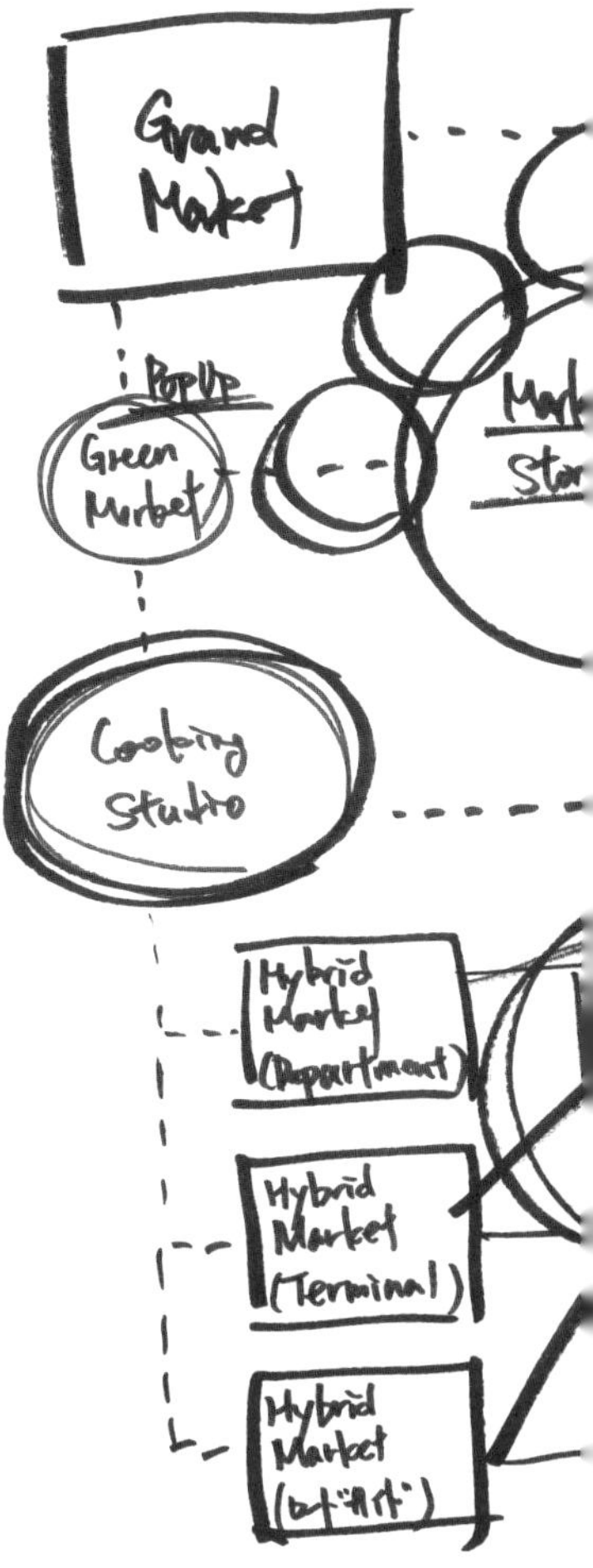

元の形を残しながら
上書きしていくことで、
考えがアップデート
されていく。

philosophy

「この丸はもう少し大きめに描いたほうがいいかな」とか、「実線よりも点線のほうがいいな」とか、「この線は縦横に伸ばすより斜めに引っ張ったほうがいいな」とか、そういうことを考える中で、発想が広がったり変化したりしていきます。

僕が「手描き」にこだわるのは、このプロセスを大事にしているから。

考えてみれば、人間の頭の中はあれやこれやで混沌《こんとん》としているわけですから、それをいきなりきれいに描こうなんて無理な話ですよね。

「未来会議」で絵を描く

最近、会社の未来を考える「未来会議」でも、グループごとに未来の絵を描くという趣向を取り入れてみました。あえて言葉ではなく絵にすることで、普段はうまく言えないことが、意外と伝わったりするものです。

もちろん最終的には言葉や数字に落とし込むのですが、アイデアを規定の枠にとらわれずに発想するのに、絵という手法はすごく役に立ちます。みんな、個性豊かな面白い絵を描いてきますけどね（笑）。

たとえば、ウェルカムでは「それぞれ個性を持ったメンバーやブランドが、その個性を生かしながら、共に助け合って同じ方向に進んでいく」という会社像を「船団」という言葉で表現しています（これについては第4章でくわしく触れます）。

そこで、未来会議の冒頭では、「みなさん自身の未来の船を描いてください」とお題を出しました。「あなたの船は、どんな船ですか？」と。

すると、ホバークラフトを描くメンバーもいれば潜水艦を描くメンバーもいて、それはもう、いろいろな船の絵が集まります。その一つひとつに、それぞれの意味がちゃんとあるのです。

潜水艦を描いたメンバーは、「自分のチームは、ふだん何をやっているのか見えにくいけれど、ポコッと浮上すればみんながいてくれると信じて海底でがんばっています」。ホバークラフトを描いたメンバーは、「自分のかかわっているブランドは、マーケットのど真ん中を行く業態ではないけれど、だからこそ水陸両用でいろいろなところに行けるようになりたい」——そんな具合に、絵にすることでふだん思っていることを人に伝えることができるのです。

ちなみに、右のイラストはそのとき実際に僕が描いたものです。理想は、右上にある飛行機のように、空から「船団」の全体を見守る立場であること。逆に一番後方で遅れをとっている船に自ら乗り込まなければならない状態はもっとも避けたいシナリオということで、右下にコメントを書き入れました。

僕らにとって、絵はコミュニケーションツールのうちのひとつ。それは別に、うまい絵じゃなくても全然いいのです。

ディーン&デルーカでは、様々な事業を展開しています。マーケットストアがあり、カフェがあり、オンラインショップがあり、さらには料理教室をやったり、雑誌をつくったり、ホテルのプロデュースもしたいね……といった話をしていると、どんどん「絵」が大きくなっていきます。

もともとはニューヨークのひとつのお店から始まったディーン&デルーカですが、日本では走りながらどんどんその展開が広がっていきました。そうやって広がりながらも、どうすればちゃんとディーン&デルーカのままでいられるのかを考えるのに、前述の「フューチャーマップ」がとても役立ってきたのです。フューチャーマップを描くと、事業のバランスや、全体としての組織の関係性がクリアになります。

大切なのは「配置のバランス」

「事業Aは投資が大きく利益が少ないけど、事業Bはパフォーマンスが好調だから、1：3くらいのバランスにすれば全体の投資利回りがいい」「この事業でブランドとしてお客さまに想いを届けながら、売上はこちらの事業で立てよう」といった具合にビジネスの全体像を考えたり、「事業Aで成長した人には、事業Bに移ってさらに活躍してもらおう」など人の流れも意識できます。さらに「ディーン&デルーカのブランドビジョンはこれなんだ！」ということが、トータルで見えてくるのです。

フューチャーマップは、ディーン&デルーカの初期のころから描きはじめました。何か問題が起きるたびにアップデートしているので、だいたい3～5年に一度は新しく描き直しています。

次のページにある図は「ビジョン2021」といって、2016年に5年後を見据えてつくったフューチャーマップです。

マーケットストアというフラッグシップを中央に据え、以前はマーケットストアの一部として考えていたカフェを、店舗数も増えたので独立させて外に置きました。

すると、カフェに相対してレストランのようなものがあったらいいねという発想になるので、レストランの構想をカフェの反対側に描きます。さらに、「レストランを生産者に近い場所でやれば、オーベルジュ（宿泊施設付レストラン）みたいなこともできるんじゃないか」など、メンバーが話していたアイデアも加えていきます。

こうしてマップに事業を配置していき、まだ見ぬ未来を想像してワクワクするのは、小さいころに好きだった積み木遊びの延長なのかもしれません。

VISION 2021

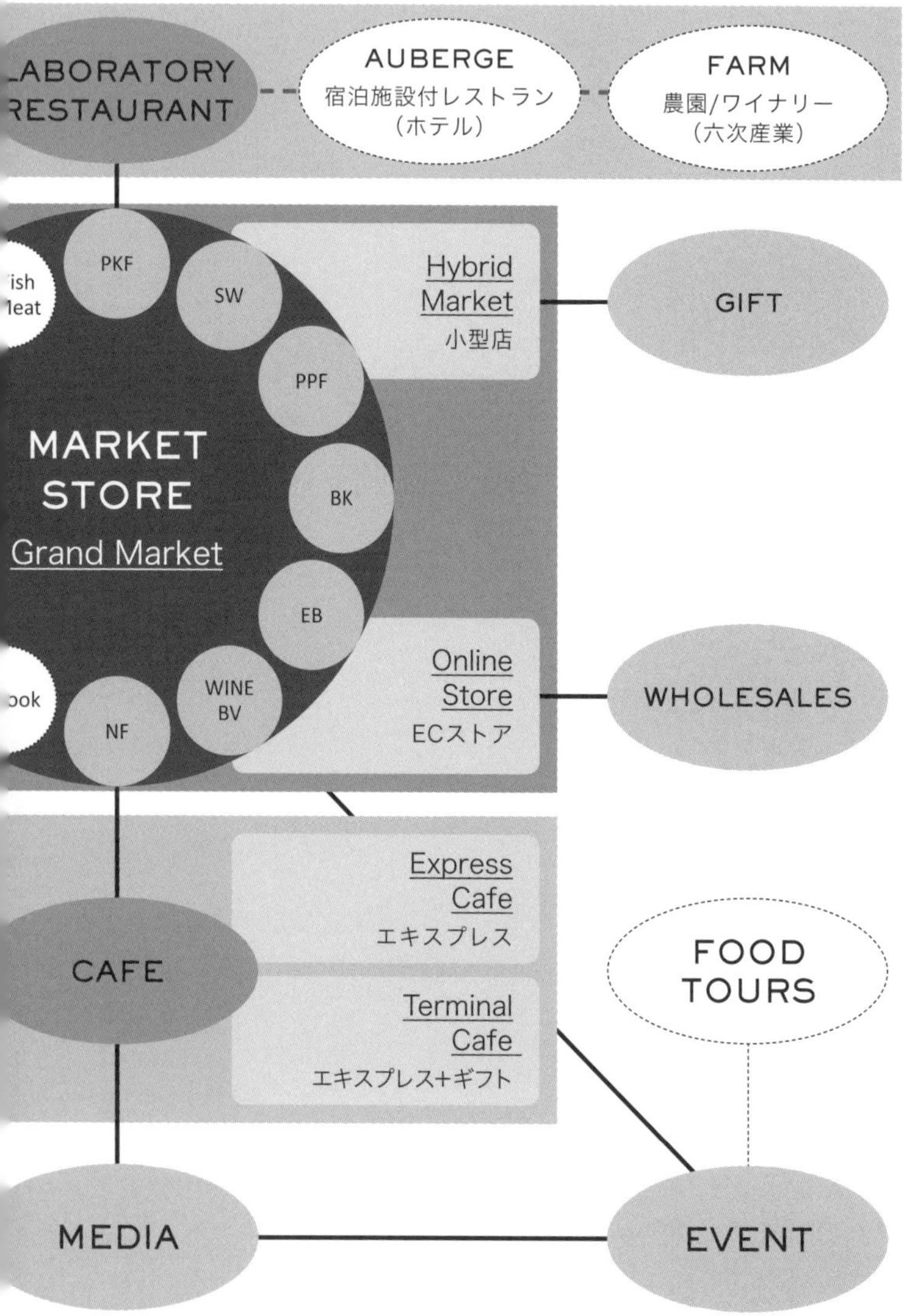

LABORATORY RESTAURANT
AUBERGE
宿泊施設付レストラン
（ホテル）
FARM
農園/ワイナリー
（六次産業）
PKF
SW
PPF
BK
EB
WINE BV
NF
MARKET STORE
Grand Market
Hybrid Market
小型店
Online Store
ECストア
GIFT
WHOLESALES
Express Cafe
エキスプレス
Terminal Cafe
エキスプレス+ギフト
CAFE
FOOD TOURS
MEDIA
EVENT

感覚的に「ここに何かがないとバランスが悪いな」と感じたら、そこに何かを置く形で新しい事業を考えつくこともあります。この図に「(クッキング)スクール」を置いたのは、「イベント」の反対側のスペースが空いていて気持ちが悪かったから(笑)。

イベントが好きな人と、教育が好きな人ってタイプが全然違うことが多いんです。だったら、イベントとスクールは両方あったほうがバランスがとれそうだなと思ったんですね。

会社は「積み木」のように考える。

philosophy

メンバーの「居場所」が見える地図

フューチャーマップの真ん中に位置づけたマーケットストアは、いわばディーン＆デルーカの要です。でも、それだけだと、現場で「やり尽くした」と感じたメンバーは、外に飛び出していってしまうかもしれず、それではあまりにもったいない。「(会社を辞めて)こういうことをやってみたいんです」と言ってくるメンバーに対して、「もっと一緒にやろうぜ！」と言える場がほしい。

そんなときに、このようなマップがあれば、メンバーも新たな挑戦の場を見つけられることが多いと思うのです。あるいは、今の部署に違和感を持っているメンバーがいたとして、これを見れば「こっちなら自分ももっと活躍できるんじゃないか」といった活路が見えてくるかもしれない。

そういう意味で、メンバーにとってもこの図はまさしく「未来地図」だと言えます。

もちろん、対外的に、事業の分解図として見せるという目的もあるのですが、一緒に働いているメンバーにとってのモチベーション源になるというのが、フューチャーマップの最大の意義だと思っています。

「何をやるか」より
「誰とやるか」

philosophy

3

好きこそ仕事の上手なれ

第2章の冒頭で、「ライバルは個人店」という考え方についてお話ししましたが、それに関連して僕がいつも強調しているのが「店に人格を与える」こと、あるいは店に「顔」を与えることの大切さです。

例えば、「ディーン&デルーカさんだったらなんて言うかな」「トゥデイズスペシャルさんはどう考えるかな」というように、ウェルカムの各ブランドにも人格を与えて考えることがあります。

個人店には店主やオーナーがいて、その人のキャラがそのままお店のキャラになります。ラーメン屋さんでも、骨董屋さんでも、本屋さんでも、たいていそうですよね。店の立地にも、しつらえにも、そこで売られているモノにも、その売られ方にも、すべて店主やオーナーの人となりが反映されていて、それが「店の個性」になる。

つまり「誰が店をやっているか」というその時点で、店のキャラはすでに生まれているわけです。言葉で表したコンセプトみたいなものは、実は後づけだったりする。

だから、僕らが新しい事業やブランドを始めるときも「何をやるかより、誰とやるかのほうが重要」という考え方でやっています。

企業でありがちなケースは、パートナーやプロジェクトが先行していて、担当者を後づけでアサインすること。このやり方だと、当然ながら当事者の熱量が生まれにくくなります。それよりも、メンバーの「好きなこと」「やりたいこと」がベースにあって、それを会社として応援していくという形を大切にしたい。

例えば、チーズ工房を併設したピッツァ・ダイニングとして2018年に東京ミッドタウン日比谷にオープンした「GOOD CHEESE GOOD PIZZA」という新業態は、もともとはメンバーがあるチーズ生産者の方の理念と、つくりたてのおいしさに感動したのがきっかけとして始まりました。

あの味わいや体験を東京の都心でも実現したい。その一心でプロジェクトを立ち上げたメンバーは、その生産者のもとに修行に行き、技術を身につけ、開業までこぎつけました。おかげさまで、オープンから1年以上たっても行列ができるほどのお店になっています。

もちろん、すべてがそんなにうまくいくケースばかりではないですが、このように、メンバーの「好きなこと」「やりたいこと」に会社が共鳴した結果、事業として発展するのが僕らの理想の形です。

チームでパワーは増幅する

メンバー同士の組ませ方で、新たな可能性が見えてくることもあります。職人肌の料理人や、チーズおたく、ワインおたくのようなマニアックなメンバーがいる一方で、人をまとめるのが得意なメンバー（珍獣づかい）や、数字や仕組みづくりに長けたメンバーもいて、ひとりですべての要素を持っている人というのは当然存在しません。でも、それぞれが持っているスキルをつなげていけば、ひとりでやるよりもっと大きなことができるようになる。アイドルのユニットを結成するプロデューサーも、案外こんな感覚なのかもしれません。

ひとりでもやりたいことをやれたら楽しいけれど、仲間とやれたら何倍も楽しい。いわゆる「ワンチーム」ではありませんが、それぞれ個性の違うメンバーが集ってひとつのことを追求するダイナミズムは、なにものにも代えがたいと思います。

新規プロジェクトは大体4、5人のチームで発進するのですが、ディーン&デルーカのフィロソフィーを大事にしたうえで、「食を通じて誰かを感動させたい」という発想のもと、様々なプロジェクトが生まれていきます。

その一例が、「旅するディーン＆デルーカ」というプロジェクト。日本全国の産地をめぐりながら、仕入れを行なうだけでなく、バイヤー以外に料理人や販促チームが一緒に生産者の方々と料理研究したり、地元のファーマーズマーケットに参加するなどして、その土地の食文化を学びながら、そこで出会った食材やレシピを全国の店舗で展開し、その様子を雑誌やＷｅｂを通じて発信する企画です。商品企画の幅が広がると同時に、参加メンバーの成長にもつながる、リサーチと開発と教育がひとつになったプロジェクトで、これまで訪れた地域はすでに15にのぼります。

つまり、このチームでなければ起きなかった出会いから様々なアイデアが生まれ、それがリアルタイムで全国のお店に広がっていく――そんな、メンバーの個性を生かした新しい発信方法にも、大きな可能性を感じています。

僕が取る行動の根っこには、ずっと「やりたいことを、やりたい人とやる」という考え方があります。

といっても、「仲良しだけで盛り上がっていればいい」という意味ではありません。

3

好きこそ仕事の上手なれ

メンバーの目指す方向と
会社として「やりたいこと」が
一致していなければ、
事業はうまくいかない。

philosophy

どんなプロジェクトでも、そもそも本人が自らやりたいと思って関わっていないかぎり、仮に「こうすれば絶対売れる」という方法がわかっていたとしてもうまくいきません。チームの一人ひとりの目指す方向やそこに共通する価値観と、会社として「やりたいこと」が一致しているかどうか。そこをおろそかにすれば、事業はガタガタになってしまう。それが「やりたいことを、やりたい人とやる」の意味です。

その人と一緒にごはんを食べに行きたいかどうか——この指標は、僕が採用担当者にいちばん持っていてもらいたい感覚でもあります。

どこの会社にも「ウチっぽい」「ウチっぽくない」みたいな感覚があるかと思いますが、それを、ウェルカム風にもう少し具体的にしたものが、「同じ食卓を囲みたいかどうか」なのです。

お酒は飲めても飲めなくてもいいし、食べ物の好みが違っても構わないけれど、一緒に食卓を囲みたいかどうかは、すべてのフィーリングに通じます。

友人が言うには、僕が結婚を決めた理由も、妻が何かを食べていて「おいしいね」とつぶやいたときに、この人とならずっと一緒に食卓を囲んでいたいなと思ったから……だと語っていたそう。あいにく自分では覚えていませんが（笑）、大いにありそうな話だとは思います。

僕にとって会社のメンバーは家族と同じ。同じ感覚で決めていてもおかしくはありません。

「目線のずれ」はトラブルのもと

究極的には、採用で僕らが見るのは、僕らが「やりたいこと」に応募者が共感してくれているかどうか。給料がどうとか、たまたま家が近いからとか、なんとなく流行っているからとかではなく、その人の興味や関心から、うちの事業を「好きだな」「やりたいな」と本気で思ってくれているかどうかに注目します。

入口でそこの確認がおろそかだった場合は、途中で揉《も》めることになりやすい。わかりやすく、「思っていたのと違った」といって辞めていくのです。

「仕事が大変だから」とか「他にやりたいことがあるので」とか、人が辞めていくにはいろいろな理由があるけれど、いちばん避けたいのは、入口から噛《か》み合っていなかかった、目線が合っていなかったから辞める……という理由です。

それは、お互いにとっていちばんつまらないこと。

採用の現場からすると、このバロメーターを守るのはそんなに簡単ではありませんが、それを譲ってしまうと最初からボタンを掛け違ってしまうことになりかねない。

ディーン&デルーカのメンバーの中には、食品業界やレストラン出身の人もいれば、音楽業界やファッションの世界にいたという人もいますが、彼らの経験やスキルといった「キャリア」だけを見て、採用したわけではありません。

というのも、もともと僕らがやっているビジネスには「同業他社」がほとんど存在しないからです。「競合はスーパーですか?」と聞かれても違うし、「百貨店ですか?」と言われたら、それも違う。チーズ屋さんやお肉屋さんも「部分」でしかないし、「カフェですか?」と言われても、やはり部分的にはそうだけど……としか答えようがありません。

つまり、過去にどの業界にいたとしても、そのスキルがあれば必ず活躍できるという人はいないわけです。

「経験」と「スキル」には重きを置かない。

philosophy

何かを「できる」と思った瞬間に人の成長は止まるし、会社の業績も「ナンバーワンだ」となった瞬間に陰りが出てきます。

それより、「このテーマについては誰よりも関心があるし、誰よりも勉強したいと思っています」という人のほうが、あとあと伸びる確率が高いと僕は思います。

「大手企業で働いていたけれど、両親が体をこわしたのをきっかけに、食に興味を持つようになりました」とか、「大人になってからアレルギーになったので、アレルギー対応食品について勉強中です」とか、「海外ですてきなカフェに出会って感動したので、いつか自分もそんなカフェをやってみたい」とか、実際にやったことがなくても「これがやりたいんです！」という何かを持っている人が、結局は強いですね。

「単純キャリア志向」の限界

最近は中途採用の方も増えていますが、大きな会社で働いた経験のある人ほど、ディーン＆デルーカに入ってきたとき、あまりにいろいろなことをやるのにびっくりされます。

3

好きこそ仕事の上手なれ

そういう意味では、自分の中にある程度バッファやキャパシティがある人でないと、うちに入ってから、最初はその「多様性」に圧倒されてしまうかもしれません。

入社して迷子になってしまう典型的なタイプは、「単純キャリア志向」の人。言うなれば「この会社では何と何をすれば偉くなれますか?」という考えの持ち主です。

まずはカフェから入って、店長になって、いくつかの店舗を経験してからエリアマネージャーになって……といった青写真を、最初からばっちり描いているような人は、そのレールから少しでも外れるようなことが起きると、迷子になってしまうのです。

そんな人たちには、「うちではワインも扱っているし惣菜もやっているし、おいしいものがたくさんあるんだから、もっと全体としてのお店を味わいながら、自分は何がやりたいのか、自分には何が向いているのかを探したほうがいいよ」と伝えたい。

そうやって興味の対象をあちこちで探しながらワクワクと仕事をしていると、周りのメンバーから「あの人のこういうところ、すごいよね」と注目されるようになる。うちの会社では、あちこち寄り道をしない人は名前を覚えてもらえないんです(笑)。

もちろん、エリアマネージャーのような役職は置いていますが、エリアマネージャーが単純に数字の管理だけをしているかといえば、そんなことはありません。

エリアマネージャーの中にも、お店のビジュアルマーチャンダイジングをとても得意としていたり、お惣菜販売においては社内一でありながら同時にマネージャーとしての業務をこなして、どちらもしっかり楽しんでいるような人がいたり、誰もが認めるチーズのプロで、チーズのイベントのときには必ず呼ばれるという人がいたり、役職とは別に、みんな必ずその人ならではの「強み」を持っています。

だからこそ、本人のよさが表に伝わり、周りもそれを認めているという構図ができあがっているのです。

仲間《メンバー》の「リスペクト」を得る条件

特に大型店の場合、メンバーにはソムリエもいればバリスタもいるし、ベーカリー出身者もいれば、フレンチで学んだという人もいます。これだけ多彩なメンバーをマネージャーとしてまとめ上げるのは、相当に大変なことです。

そのためには、それなりのマネージメントスキルを持っているのは前提として、なんでもいいから食に関して自分の好きなジャンルをひとつ、とことん掘り下げているような人が望ましい。そうでないと、現場のメンバーに認められないからです。

ディーン&デルーカのメンバーは、基本的にはマネージメント慣れしていないタイプが多く、どちらかというと、ある程度の主体性を持った人たちの有機的な集まりの中に、いちおうリーダーがいるという形です。そのなかでリーダーがメンバーに認められるには、何か「点」でもいいから、リスペクトできる要素が必要です。「あの人、めちゃくちゃお酒好きだよね」とか「ものすごく魚に詳しいね」とか、何かひとつでも商品カテゴリーとして扱っているジャンルに詳しい人は、信頼される。

逆に、売れ筋しか知らないような人は、「結局、商売のことしか考えてないじゃん」と思われてしまう。それではメンバーもリスペクトできません。

POSデータの分析に長けていたり、コストバランスに優れていることは、ビジネスをやるうえでもちろん大事ですが、単にデータや数字を見るのではなく、そこから一歩踏み込んで、「これおいしそうだね。売れてるの?」「まだそこまでは……」「マジで? オレはすごくいいと思うんだけど、なんでもっと売れないんだろうね?」といったやりとりに発展させられる人が、最終的にはうまくいく。メンバーもその人に興味が湧くし、それこそ「同じ食卓を囲んでごはんを食べたら楽しいだろうな」というふうになっていくわけです。

食に限らず、デザインでも雑貨の部門でも、管理部門でもそれは同じ。その人が持つ「興味の熱量」が、僕らが一緒に仕事をするメンバーを選ぶうえでの重要なリトマス試験紙になっているのです。

3 積み木の原点

ウェルカムでは、ディーン&デルーカの他にも、食とデザインの2軸で良質なライフスタイルを提案しています。

様々なモノや体験を通してライフスタイルを提案する「CIBONE」「GEORGE'S」、「TODAY'S SPECIAL」、国立新美術館内のミュージアムショップ「SOUVENIR FROM TOKYO」、東京近郊の搾りたて生乳でつくるチーズ工房併設のピッツァ・ダイニング「GOOD CHEESE GOOD PIZZA」、地域密着型のファミリーダイニング「ask a giraffe」、北欧発のインテリアプロダクトブランド「HAY」、さらに新たに加わった「酒食堂　虎ノ門蒸留所」では東京の島焼酎と湧き水をベースとしたジンを蒸留する傍らでジンに合う居酒屋メニューを提供するなど、多種多様な事業を展開しています。

暮らしという大きなテーマでゆるくつな

がりながら、それぞれのブランドの個性も様々。メンバーが「いいな」と感じたものをビジネスにしていった結果です。

会社の事業を広げていくのは、様々な形のピースをバランスよく配置しながら、何か大きなものをつくり上げていく「積み木遊び」に似ています。

振り返ると、幼い頃、積み木で「街」を作るのが僕のお気に入りの遊びでした。

僕の子ども時代は、「すかいらーく」というファミリーレストランを経営していた父の仕事の関係で、引っ越しの連続でした。2年に1回のペースで引っ越しを繰り返していたため、ようやく長く暮らせることになった国立《くにたち》の街には、今でも深い思い入れがあります。

国立といえば赤い三角屋根の駅舎が街の象徴。そこからまっすぐに大学通りが延びている。これは、国立を開発した西武の堤《つつみ》康次郎《やすじろう》氏が、むかし滑走路だったところを道路として残したもので、両側に見事な桜並木が続いています。

そんなふうに美しく計画的につくられた街でありながらも、骨董屋さんや古本屋さん、ジャズ喫茶など、雰囲気のある個人店もたくさんあって、そのバランスに子どもながらに心惹かれたことをよく覚えています。

3

積み木の原点

そうした街の様子を、自分なりに形にしてみるのが、僕にとっての積み木遊び。畳のへりを道路に見立てて、積み木のピースをビルや橋のように配置したり、冷蔵庫から失敬してきたブロッコリーを桜並木のつもりで並べたりして、おもちゃのクルマをブワーンと走らせるのです。おかげで、引っ越してきたばかりのときはきれいだった畳がすぐにボロボロになり、母にずいぶん怒られたものです。

下町の雑踏感や、緑いっぱいの田舎の風景など、誰しも育ってきた場所の原風景があるのでしょうが、僕にとってはそれが国立。オーガナイズされた空間の中に、ちゃんと「個」が残っていて、もともとあったものをリスペクトするというような街のあり方は、いまの僕が目指す「場づくり」や「組織づくり」のアプローチにも影響を与えているのです。

LUCA

4

大は小を兼ねない

――「いい塩梅」を追求する

「ヒューマンスケール」が心地いい

「塩梅」とは料理の味加減のこと。仕事柄、たくさんの料理人と現場を共にする機会があるのですが、「これはおいしい」と心から感じる料理ほど、彼らの「塩梅」が効いている。ちょうどいい頃合い、ほどよい加減、百万通りの組み合わせがある料理だからこそ、つくり手の舌が記憶している「塩梅」がものを言うのでしょう。

事業も同じ。誰と、何を、どう形にし、どう届けるのか。チャンスもリスクも百万通りで、ちょっとした準備不足や、過剰な投資、意思疎通の行き違いから、思わぬ結果が生まれてしまう。どんな塩梅なら最高の結果が生まれるのか、その答えには僕自身まだたどり着いていません。時代によってどんどん変化していくビジネスの場合は、一度確立したレシピが使いものにならないことも考えられます。

とはいえ、これまでの手痛い「失敗体験」は、僕たちならではの「いい塩梅」の指標をいくつかつくってくれました。

なかでも僕が最も大事にしているのが、「ヒューマンスケール」。つまり、人の存在を感覚的に捉えられるような規模感《スケール》です。お店の大きさも、組織の大きさも、街づくりも施設づくりも、ある一定のヒューマンスケールを超えてしまうと、味気ないものになってしまう。

そんな「ヒューマンスケール」の心地よさを僕が知ったのは、大学時代を過ごした京都でのことでした。

4

大は小を兼ねない

知らない街になじもうとするとき、僕はまずその街のいちばん賑《にぎ》わっている場所に向かうことにしています。京都では、飲食店やバーがひしめく「木屋町《きやまち》」へ。この街にいる人とつながれば、京都そのものにつながれるような気がしたのです。

木屋町のバーでアルバイトをするうち、音楽イベントの主催を手伝うようになりました。京都では、飲食店がスポンサーについた祭ごとやイベントが充実していて、ひとくち3万円のスポンサーを10件集めて30万円の協賛金を元手にイベントをやるといったようなことが、しょっちゅう行われていました。最初は参加する側だったのが、しだいにオーガナイズする側に回り、いろんな飲食店のドアをノックして、「こういうイベントをやります」と声をかけているうちに、京都中の「店主」たちと自然とつながるようになったのです。

京都の街は、がんばれば端から端まで自転車で行けるくらいのサイズ感なので、移動していると、それぞれのエリアのカラー（雰囲気）もわかってきます。

そのうち、「街の顔」みたいな人たちの多くと顔見知りになり、何かイベントをやることになったら、人づてで拡散できるようになりました。企画が立ち上がるや、何十軒ものお店が「横川くんたちがやってるんだったら、チラシを置いてあげるよ」と声をかけてくれるのです。すると、あっという間に何千人にリーチできて、結果、何百もの人が来てくれる。SNSのない時代、これはすごく勉強になる経験でした。

ちょうど僕が大学3年生のときが、「平安建都1200年」の節目で、街全体が盛り上がっていたころ。京都中が若いパワーにあふれていて、先輩が主催するクラブイベントにカルチャーシーンをリードする著名人が来てくれたこともありました。

東京の大学だと、学生主催のイベントにもタバコやお酒のメーカーなどのビッグスポンサーがドーンとついているイメージでしたが、京都のイベントは、地元のラジオ局や飲食店がスポンサーをするなど、もう少し「手づくり感覚」。僕が在籍していた京都精華大学《きょうとせいか》をはじめ、周辺には芸術系の小規模な大学がたくさんあって、学生たちもゆるくつながって活動していた。誰かが「この指とーまれ」と言ったから人が集まってくる。そんな気楽さがありました。

コミュニティのサイズ感が「ヒューマンスケール」だからこそ、「名前はわからないけれど顔はわかる」距離感の人たちが、「この指とまれ」でつながれる。その感じは、今も会社を通じていろいろなイベントを企画するうえで、「こうすれば人が集まるんじゃないか」という塩梅のベースになっています。

ルールの7～8割は「ゆるく」決める

「新しい時代をつくっていく」という気持ちで仕事をしていると、「既存のルール」が邪魔になることがままあります。

僕はよく「グレーゾーンの大切さ」という話をするのですが、世の中には、法律で定めることのできないグレーゾーンや、既存のルールだけでは白黒を決められないグレーゾーンがたくさんある。そして、新しいチャレンジをしようとするほど、たいがいグレーゾーンのど真ん中に行くはめになります。なぜなら、既存のルールは過去にあったものをベースにつくられたものでしかないからです。

絶対に守らなきゃいけない
ルールは、2〜3割程度、
残りの7〜8割はゆるく
決まっているぐらいがいい。

philosophy

4

大は小を兼ねない

「ゆるく決まっている」というのは、過去によかれと思ってつくったルールが、とりあえず今日まではよい結果につながってきたから、それがまだ残っているという状態です。言い換えれば、そのルールが邪魔になったら、いつアップデートしてもいい……というより、アップデートしていかなくてはならない。

ルールは「守る」ことが先に立つわけではなく、本来、そのルールがつくられた「目的」が果たされなければ意味がありません。だから、機械的に白黒をつけてしまいそうになるときに一歩立ち止まって、「そこはグレーかもしれない」と考えてみることには、すごく意味がある。

ブラックはもちろんだめですが、グレーのうちはその目的にきちんと意味があるならば、倫理感を持って誠実に取り組むかぎり、少しくらいギリギリのゾーンでも許容するやり方を選ぶこともあります。

例えば「おいしく食べられる期限」である賞味期限にしても、1日過ぎるとどうなのか？　個人的には、熟成しておいしくなるタイプのチーズなら賞味期限が切れたあたりがむしろ食べごろ、いい塩梅と感じることもあります。大事なのは、自分の中に、そもそもの「目的はなんなのか」という問いをつねにきちんと持っておくこと。

だから僕は、何か新しいプロジェクトを立ち上げるような会議で、「先方の会社はこういう決まりになっているんです」「昔からずっとこうやってきたんです」とメンバーから言われたときは、必ず、「なんで？」と聞くことにしています。

「なんでそういう約束になってるの？」「なんでみんなはそうするの？」と。

その理由を聞いて、「なるほどね」と言うときもあるし、納得できなければ「それはもう、いまには合わないよね」と言うときもある。「だったらこういう提案をして、アップデートしてもらおうよ」と。もちろん、長く続いてきたルールを変えることは言うほど簡単ではありませんが、時間をかけて交渉すれば、ちゃんとアップデートされることもある。

「なぜそうなのか？」「本当に実現したいことはなんなのか？」という点に立ち戻って考えるのは、とても大事なこと。そこに使う時間とエネルギーは、絶対に惜しんではいけないのです。

おいしいチーズ理論

経営者には信用できる相手を見抜く目が求められます。その勘どころを僕に教えてくれたのは、「チーズ」でした。以来、人とのつながりを築くときに、僕はある考え方を大切にしています。それが、「おいしいチーズ理論」です。

4

大は小を兼ねない

創業当時、イタリアのある展示会場にバイヤーとして参加したときの話です。東京ビッグサイト数個分はあろうかという巨大なスペースに、ヨーロッパ中の生産者やメーカーが集う食品の見本市で、チーズのコーナーだけでも、ビッグサイトの大ホールひとつ分ぐらい、その向こうに生ハムのコーナー、さらに向こうにオリーブオイル、そのまた向こうにワインのコーナーと、とにかくスケールがものすごい。

同じ展示会でも、それまで経験のあったデザインの場合、会場を歩き回っていいなと思う作品を見つけたら、デザイナーの名前を尋ねると、だいたいそのプロダクトやメーカーの文脈や背景が見えてきたものですが、食品は見ただけではわからない。しかもチーズだけで何百ものブースがあるというのですから、どこから試食すればいいのか途方にくれてしまいます。

仕方がないので端のブースから食べはじめたはいいものの、ひとりで試食できる量には限界があります。1社だけでも10種類ぐらいのチーズが出るので、10社も回ればギブアップです。とはいえ、数百社の中から「これぞ」というおいしいチーズを見つけ出すのがバイヤーの仕事。すべてを回ることなくミッションを遂行するにはどうすればいいのか？

そこでデルーカさんと、アメリカの商品バイヤーチーフのマイケルさんに、助けを求めることにしました。

そうして、数百社の中から、まずはディーン＆デルーカと取引のあるメーカーを紹介してもらい何社か回っているうちに、あることに気づきました。

僕らが訪れるブースに限って、中にいるのが「ジーパンにTシャツ」のようなカジュアルな格好の人ばかりだったのです。


展示会にも大から小までいくつかのサイズのブースがあります。よく見る大きいブースにありがちなのは、失礼ながら「この人たち、本当にチーズをつくっているところに暮らしているのかな？」と思ってしまうような、スーツでピシッと決めたいかにもビジネスマンな人たちばかり。しかもみんな、英語が達者です。

一方、僕らが訪ねていくブースは、作業着もしくはジーパンにTシャツのおじいちゃんが椅子にのんびり座っていて、営業しようという気がまったく感じられない。声をかけても、「プレーゴ」なんて返ってくるだけで、英語もほとんど通じない。ブー

ス自体、ポスターが貼ってあるだけで、大手のように派手なのぼり看板もありません。

そのうち、そんなつくり手の「人となり」が、チーズの味わいにも出ていることがわかってきます。おいしいチーズをつくる人に、マーケティングやセールスに長けたような器用な人間がそうそういるはずがない、と（笑）。

ということは、のぼりもなく、手づくり感あふれるブースに、英語で話しかけてもイタリア語で返してくるような作業着のおじいちゃんがいるところを狙っていけば、おいしいチーズに出会えるのではないか。そう踏んだのです。

ネットワークとは信頼関係である

僕が選んだブースでは、基本的にみんなのんびりしていて、カタコトの英語ながらも、たっぷり時間をかけてチーズの説明をしてくれます。そうするうちに相手にも「こいつは俺のチーズをわかってくれるやつだ」というのが伝わって、仲良くなるわけです。

すると、次の瞬間には「ちょっと来い」と言って数軒先のブースに連れて行かれ、「ハードチーズはうちが一番だが、フレッシュチーズはここが一番だ」みたいな感じで、そこのおばあちゃんに紹介してもらえます。

そしてまた、そのおばあちゃんとも仲良くなると、「私のチーズにはこのハチミツがすごく合うの。ここのハチミツは家族でつくっていてね……」という感じで、数珠つなぎに別のつくり手を紹介してくれる。

信頼する人の紹介には間違いがありませんが、紹介してもらった相手の人となりを理解し、その人に響く向き合い方をして信頼関係が生まれたら、今度はその信頼関係をベースにさらにネットワークを広げていくことが可能です。

それが僕が学んだ、おいしいチーズの見つけ方。チーズに限らず、オリーブオイル、生ハム、ワイン、食に限らずすべてにおいて言えることです。よいものをつくっている人たちは、チーズであれオリーブオイルであれ、それぞれにコミュニティがあるもの。そうしたコミュニティではみんなが信頼でつながっているから、少なくとも嘘を教えられることはありません。

きちんと相手に向き合っていれば、その人はあなたを応援してくれるようになります。これは、あらゆるビジネスについて言えることです。

人との関係を最初から
ビジネスありきで考えない。

philosophy

こいつと付き合ったらビジネスになるかな？　なるなら一緒に食事に行くし、ならないなら行かない。そんなふうに、人との関係を、最初からビジネスの関係に置き換えてしまう人もなかにはいます。でも、本当はその逆だと思うのです。

この人の考えは素敵だなとか、この人といると楽しいなと思って一緒にいると、楽しい人同士はつながるものなので、自然とネットワークが生まれて、それが結果的にビジネスになるかもしれないし、困ったときにあなたを支えてくれるかもしれない。

僕の場合も、そうやって人に恵まれて、今の事業があり、今の自分がいると強く感じています。

4
大は小を兼ねない

ライセンス買い取り

大は小を兼ねない、というのがこの章のタイトルですが、痛いほどそれを意識することになったのが、ディーン&デルーカの日本国内でのライセンスを買い取ったときでした。

ライセンス買い取りを決めたのは、第2章でお話しした更新騒動直後のこと。

アメリカ側と無事再契約にこぎ着けたとはいえ、課題は山積み。次のタイミングでまた同じような交渉をしなくてはならないのなら、いっそのことライセンスごと買い取ろう、そう思ったのです。

しかしながら、アメリカが提示してきた条件は莫大なもので、当然そんなお金はどこにもありません。

そこで浮上したのが、当時のディーン&デルーカで最も成長が見込まれていたカフェの事業を子会社化して、株式の半分をアメリカに譲るというアイデアでした。それでロイヤリティの半額相当を支払い、残りはなんとか現金で用意して、永久ライセンスを取得したのが2016年のこと。アメリカ側は「カフェ80店舗」を将来の約束として求めてきました。

僕らは規模拡大をビジネスの主軸には置いてはいません。経営はひとりで行っているものではなく、人と共有しているもの。だから「大きくなること」よりも「長く持続させること」がとても大事だと思ってきました。

それでも、毎日見ているがゆえにスケール感が鈍ることがある。カフェ事業自体は、自分たちのやりたいことをやっていけば、「いずれは100店舗ぐらいにはなるだろう。100店舗といっても日本国内のスターバックス店舗数の10分の1に満たない程

4

大は小を兼ねない

青山店。デリボウルなどカフェオリジナルのメニューもここからスタート。

度だし」ぐらいに思っていて、だからこそ80店舗なら「なんとかなる」と考えたのですが、これが大きな間違いでした。

カフェ80店舗を5年で実現するには、年間10店舗以上の出店が必要です。経営陣には「そのぐらいいけるかな?」という目算があったものの、僕らの感覚が現場のみんなのそれと合っていなかったのです。

いざやってみたら、それまで一般道を走っていたのに突然高速道路に乗ったような感覚で、そのスピードで走ったことのなかったメンバーたちに、みるみる混乱が生じはじめました。

普段できていたことができなくなったり、楽しかったことが楽しくできなくなったり、丁寧にやっていたことを丁寧にできなくなったり。大好きだったことがだんだん好きじゃなくなったり、とどんどん負のスパイラルが広がっていきました。

「統合」から「結合」へ

そんなタイミングで僕が打ち出したのが、グループの「統合」です。

規模の拡大とともにスピードも求められる局面で、「ディーン&デルーカ」に加え、「ジョージズ」や「シボネ」など、それまで別々の会社としてやってきた事業を「株式会社ウェルカム」として統合し、ひとつのビジョンの下にまとめて新たなシナジーを生むことが狙いでした。これに伴い、グループとしてのミッションや方針、社内ルールや人事制度なども統一したところ、不協和音がいろんなところから聞こえるようになったのです。

何より慌てたのは、半年くらいで離職率が急増したこと。なかでも、グループのこ

4

大は小を兼ねない

れからを担うはずだった中堅メンバーが、ボキボキと根こそぎ折られていった。「ちょっと待って、いったい何が起きているの？」という状況でした。

コアなメンバーたちの目から、急に光が消えたようになっていく。そのことに比較的早い段階で気づけたのは不幸中の幸いでした。

それで、「どうして？」と理由を追いかけていった結果、「統合」が大失敗だったことが判明します。

グループの中では、ブランドごとに規模の大小もあり、取り扱っている商品も異なるのに、無理にルールを統一する意味はどこにあるのか？　そんな反発が出てきたのです。

「統合」のあとは、現場で共有すべき価値観が見えにくくなったし、そもそも現場の価値観と会社の価値観が同じ方向を向いているのかさえ、よくわからない……。

メンバーたちのそんな声を聞いて、大きな意味では「ひとつ」であっても、その中では「それぞれのチームが独立したものでなくてはならない」ということに、改めて気づかされました。それまでずっと、個性を大事に、オリジナリティを大事に、一緒にやる人を大事に、その時々の直感を大事に、と言ってきたのに、僕はいつの間にか、その原則から踏み外れてしまっていたのです。

「フェア」と「平等」は
別物である。

philosophy

4

大は小を兼ねない

「統合」を打ち出したときは、ルールを統一すれば全員が平等になる。それがフェアなんだと思っていました。でも、誰も平等なんて求めていなかった。

平等は「みんな同じ」だけど、フェアとは「それぞれの違いを認めて競い合える」こと。その区別さえつかなくなっていたのです。

結局、わずか1年ほどで「統合」は撤回しました。あれだけ派手に打ち出しておきながら、「やっぱりナシ」というのは、経営者としてはかっこ悪いかもしれませんが、やり方が間違っていたと気づいたら、すばやく舵を切る以外に挽回《ばんかい》する方法はありません。

「大は小を兼ねない。だから、大きくまとめるんじゃなく、小さいものが一つひとつつながればいい」

そんな意味を込めて、「統合」という言葉を新たに「結合」という言葉に置き換えました。

社名がもとに戻ったわけでもないし、進もうとしている方向は変わっていないけれど、進み方を変えました、という社員へのメッセージです。

TODAY'S
SPECIAL
CUP

ALL DAY DINING
BREAKFAST,
LUNCH, DINNER,
BUTCHER & SMOKER
BABY BACK RIBS
SALAD
FARM

30TH

それでも、自分たちのビジネスで世の中に影響力を発揮していきたければ、ある程度、組織にはスケールが必要です。

「大は小を兼ねない」というセオリーと一見、矛盾するように思えますが、必要とするスケールそのものは、必ずしもひとかたまりの巨大組織でなく、小さな組織同士がつながることによっても十分に得られます。

大きな器の中にひとまとめに放り込まれると、人はオリジナリティと個性を失いやすくなります。だから、あくまで、意志のある個人の集まりがチームであり、よきチームの集まりがグループであるというふうに考えるべきなのです。

「船団」というチーム

会社が「統合」によって失ったものは、「結合」という表現に置き換えただけでは、簡単には戻りませんでした。しかし、2019年の夏にある方からいただいた「船団」という表現を使うようになってから、ウェルカムグループとしてどうありたいのかが、本当の意味で見えてきたように思います。

一隻の巨大タンカーにグループの全員が乗り込めば少々の波風には負けないかもしれないけれど、間違った方向に向かいはじめたことに気づいても、途中で舵を切って針路を変更することは容易じゃない。でも、色も形も大きさもバラバラな船が一群となって航海する「船団」であれば、よりフレキシブルな針路変更が可能になる。

小さなポンポン船や手こぎボートの真ん中に、蒸気船がゆうゆうと進んでいて、ちょっと先にはスピードボートの姿が見える。そんなイメージから、ブランドの個性を生かしながらともに歩む感覚や、「統合から結合へ」という表現に込められた意味を、ようやくメンバーと共有できるようになりました。

ずっとボイラー室にいる人や、ずっとデッキにいる人みたいに、自分の見える範囲しかわからないような大きな船の中にいるのではなく、ある程度自分が「どこ」にいて、「何」に関わっているか、そしてその船がどこに向かっているのかがわかるくらいの規模をベースに、それぞれが自由にやっていく。それで、海が穏やかで天気がいいときは好きなように広がって航海を楽しみ、逆に天候が崩れて波が大きいときはお互い寄り添って、助け合いながら進んでいく――

そんな船団《チーム》が、組織の理想の形だと思っています。

4 鳥の目、虫の目

小学生のころ、大好きだったのが、地図を描くこと。

当時、社会の授業で「街の地図をつくる」というグループワークがあったのですが、普段は不真面目な僕も、このときばかりは率先してリーダーシップをとって……というより、「僕が描く！」と、真ん中を陣取って、ひとりで描きはじめていました。グループワークなのに（笑）。

というのも、みんなが自由に描きはじめると、小学校が地図の真ん中にあったりするのです。そうじゃないだろう、街の真ん中は大通りだろう、と。

「太い道は太く描く」「細い道は細く描く」「斜めの道は斜めに描く」といったように、ある程度全体のイメージが共有されていないと、街がひとつにならない。そういう全体の位置関係やいろんなディテールを無視するのがどうしても気になって仕方がなかったのです。

いまでも旅先で地図を買うときは、全体像がわかるように、必ずバラバラッと広がる蛇腹タイプの大判地図を選びます。こっちにダウンタウンがあって、あっちにはチャイナタウン、その先にはリトルイタリーがある……地図を広げるとそうした全体像が立ち上ってきて、その街の「顔」や「歴史」がなんとなく見えてくる気がするからです。

カーナビをつけてドライブすると、来たときとまったく同じ道なのに、帰りもナビがないと帰れない。結局道を全然覚えていなかった、なんて経験があるのではないでしょうか。つまり、カーナビを使うと、人の頭はカーナビに持っていかれてしまう。景色や目印を見ていないのです。

一方で、地図を持って歩きながら、「細くて斜めに入っている道といえばあれだな」という感じでその道に入っていき、角には素敵なベーカリーがあるな、あそこの看板がすごく格好いいから写真に撮っておこう、そんなふうに歩いていると、頭の中に鮮明な地図ができあがっていきます。

いまどき、ちょっとした距離を移動する

にも、スマートフォンの地図ナビに頼ったりしがちですが、街を歩きながらいい店を見つけたり、何かに気づいたり、いいアイデアが湧いたりするのは、やはり自分の感覚を使って歩くときではないでしょうか。

鳥のように上から俯瞰《ふかん》する目と、虫のように地に足をつけてディテールを観察する目、「地図」はその両方を鍛《きた》えてくれる優れたツールです。

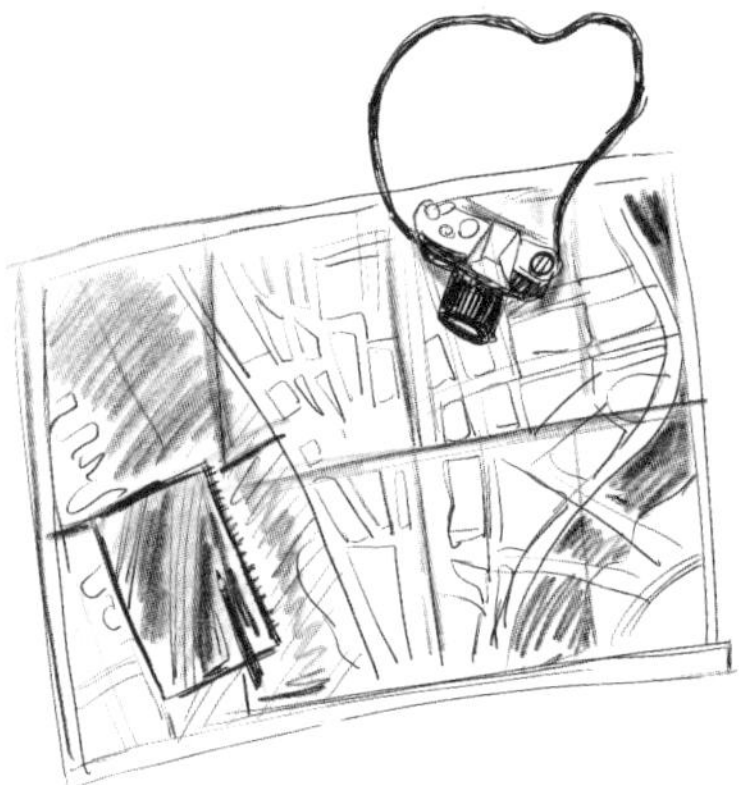

5

食卓の経営塾

——感性を共鳴させる

昭和がくれた教訓

食卓というのは面白いもので、同じテーブルを囲み、おいしいものを食べたり飲んだりしながら語らっていると、どんどん話が広がっていきます。

食べるという行為をあいだに挟むことで、お互いが「正解」を主張し合うのではなく、自然に「意見」をぶつけ合うことができるからでしょうか。

時には衝突したり、深みにはまったり、気分が悪いまま解散になったりすることもあるけれど、それでもお互いに忌憚《きたん》のない意見を言い合うという貴重なひとときを、食卓は提供してくれます。

「はじめに」でもお話ししたように、僕はこれまでの人生の中で囲んできた無数の食卓で、大勢の人と語り合い、その中で自分の考えを深め、いくつもの気づきや学びを得てきました。

いわば実践的なビジネススクール、「食卓の経営塾」です。

この章では、僕がそこで学んだことの中から、今も人生の指針となっている考え方のいくつかを紹介したいと思います。

5

食卓の経営塾

僕にとってのビジネススクールの恩師のひとりは、父です。

小さいころは、仕事で忙しくしていてほとんど家にいなかったので、父ときちんと話すようになったのは、大人になってからのこと。

僕は27歳で自分の会社を始めたのですが、しばらくは給料もほとんど出なかったので、金欠対策のために3年ほど実家で生活していました。そのとき、久しぶりに朝晩、父と顔を突き合わせることになったのです。

年をとると長くは寝ていられないようで、一度寝た父が、だいたい夜中の1時、2時くらいになると起き出してくる。ちょうどそのくらいの時間に、外で酒を飲んできた僕が酔っ払って帰ってきて、一杯飲もうか、という話になる。

当時、父が経営する「すかいらーく」でもいろいろな問題が起きていました。昭和の大企業の例にもれず、事業が一隻の巨大タンカーのようになってしまい、舵を切るのが難しくなっていたかに見えました。

あるとき父に「どうしてそんなことになっちゃったんだよ」と聞いたことがあります。

子どものころ、僕にとってのファミリーレストランはキラキラした場所でした。すかいらーくに新メニューが加わるたびに、父に連れられて試食に出かけていったのを覚えています。母の話によれば、試食に行っていたのは月に1度くらいだったそうですが、僕の記憶の中では「毎週末の恒例行事」になっていて、そのくらい子ども時代の思い出に鮮明に刻まれているシーンなのです。

それが、高校生になるころ、全国の店舗数が数百単位に広がりはじめたあたりには、かつての輝きは消え、「うまくない」「ダサい」「デートでは使いたくない」みたいな場所になってきていた。

食の仕事には絶対に就かないと決め、デザインの方面に進んだ理由のひとつは、そんなことも影響していたのかもしれません。

電子レンジとオーブン

昭和の時代には、「スケールは価値を生む」と、誰もがものすごいスピードで成長しようとしていただろうし、どれだけ急いで成長してもカバーしきれないほどの需要もあったのでしょう。

そうした時代の流れにのまれ、成長を急ぐあまり、本来は丁寧にやるべき部分が雑になってしまったところがある……ざっくりですが、それが父の説明でした。

急成長の罠《わな》とでも言うのでしょうか。会社にフィットしていない人材が社内で幅をきかせるようなことも、ザラにあったと言います。

その昔、4年制の大学を出た人間が飲食業界に就職するなどあり得ないと言われた時代がありました。そんな時代にすかいらーくが上場を果たすと、これからの外食産業に可能性を感じた有名大学の学生が大勢やってくるようになりました。

そうやって飲食業のポジションを向上させるのに貢献してきたという自負がある一方で、「有名企業」になったことで、食に対する想いや愛着が薄い人が会社の中にだんだん増えてきたというのが、父の嘆きでした。

幹部候補と言われるような若手社員を食事に誘っても、なんだかつまらなそうにしているから、「何かあったのか？」と尋ねると「僕、外で食べるのが嫌いなんですよね」という驚きの返事。なぜ、外食が嫌いな人間がレストランを経営する会社にいるのか？　そんな冗談のような出来事もあったそうです。

そうした社員たちの入社理由に多かったのが、安定した会社だから、上場企業だから。一方で、有名大学を立派に卒業して入ってきたような人の中には、食にまったく関心がなくてもどんどん出世していくことができた人もいたのだとか。

「そんなことが起きるんだよ。正紀《まさき》の会社ではそういうことだけは起きないようにしろよ」そう言われたこともありました。

このときに父が口にしたのが「電子レンジとオーブン」のたとえです。

電子レンジはオーブンに比べて、短時間で一気に温められるけれど、そのぶん急激に冷めてしまう。だけど、オーブンでじっくり温めた料理はなかなか冷めない。

ビジネスも同様で、急速に拡大・成長すると、どこかでつまずくことになりかねない。一方、オーブンで料理をじっくり温めるように時間をかけて育てることで、長いスパンで持続可能になる。

昭和の時代に大きく成長した企業には、見習うべき点が多々ありますが、規模やスピードを重視しすぎて、本質を置き去りにしたまま突っ走ってきたような面もありました。結果的に、僕はそれを反面教師として行動してきたような気がします。

「個性」や「本質」をとりわけ大事に思うのも、その表れかもしれません。

あえて競争しない

長野県で、男4、女1の5人きょうだいの母子家庭に末っ子として生まれた父は、兄たちとともに東京に出てきて資金を貯めると、兄弟4人で小さな食料品店を始めました。

最初に店を出した東京の「ひばりヶ丘団地」は新興住宅地で、住人の多くはニューファミリー層。いわゆる核家族世代のはしりです。そこで、キャベツを半分に分けたり、海苔を小袋に分けたりなど、他の店がやらないことを試行錯誤しながらお客さまのニーズに応えていくうちに、少しずつ繁盛するようになっていったと言います。

ところが、6店舗目ぐらいまで広がったとき、近所に西友という大きなスーパーが進出し、一気に売上が半減します。家賃が払えなくなり、従業員に給料が払えなくなり、これはまいったな、と。

店長だった父はそれから10日間、毎日西友に通って観察することにしました。そして10日目に、こう思ったそうです。

「俺もお客ならこっちのほうがいいな」

ことぶき食品第1号店。

西友やイトーヨーカドーのような大型スーパーマーケットは、マーチャンダイジングも売り場づくりも、その裏側の仕組みも、とてもモダンで超越した存在でした。そうした会社が複数現れるなか、どれだけ頑張ったところで、自分たちの資本力と経験値ではとうてい太刀打ちできないし、真似しようにももう遅い。

だったら「商売を変えよう」と考えたのです。

とはいえ、これから事業を始めるなら何がいいか。

当時の日本は、アメリカの背中を懸命に追いかけていました。そこで

5

食卓の経営塾

父たちは、食料品店の商売で蓄えたお金を握り、現地の最先端のビジネスを学ぼうと兄弟4人で経営セミナーのツアーに参加し渡米します。万一、飛行機が落ちるといけないので、兄弟2人ずつに便を分けて行ったそうです。

そのときのセミナーの講師が言ったのが、「これからは外食産業の時代だ。なかでもファストフードには大きなポテンシャルがある」ということ。そもそものツアーというのも、マクドナルドやケンタッキーフライドチキンのようなファストフード・チェーンの店舗を現地で見学するのが主な目的でした。

しかし、ツアーの他の参加者を見渡すと、名だたる一流企業の社員たちがぞろぞろいるわけです。ここでもまた、自分たちとは会社の規模も経験値も比較になりません。

そうしたライバルたちと同じものを見て、同じ話を聞いて、同じビジネスを始めたところで「俺たちに勝てるわけがないよな」と、父たちはふと思ったそうです。

相手のほうが圧倒的に
優れているなら、
真正面から勝負せず、
視点を変えてみる。

philosophy

5

食卓の経営塾

気を落とした父たちが、ツアーの集団から離れて近所を歩いていると、ふと目に入ったのがロードサイドに広がる大きな駐車場。その奥には気持ちのいいガラス張りのレストランがたっていました。

その店が、父たちに「ファミリーレストラン」のインスピレーションをもたらすことになったのです。

店に入って中を見回すと、家族連れにカップルにグループに、どのお客さんもワイワイガヤガヤと楽しそう。出てくる料理もバリエーション豊かで、スピード感が勝負のファストフード店とはまったく違う時間が流れていたと言います。

その後、帰国した父は、自分たちが住む国立市にちょうど新しい道路（中央自動車道）が通り、近くにインターチェンジができたという話を耳にします。

まだまだ鉄道がインフラの主流で、一家一台の自動車社会の到来は実感の薄かった時代。それでも、必ず幹線道路は賑わうようになる。ならば、そのインターチェンジのそばに店を開いてはどうだろう。アメリカで見たあの店も、たしかインターの近くだったじゃないか。

ほとんど直感というか、「そうあってほしい」という希望的観測のようにも思いますが、父たちの発想にはどこか、世の中のトレンドの逆を行こうとする部分がありました。

ヒットを生んだ「逆張り思考」

当時、「これからはファストフードの時代だ」と言われていたのには、立派な理由があります。

日本では鉄道インフラの成長が早かったので、駅前が繁盛するだろうと言われていました。ただし、地価も上がるので大きな店はなかなか出せません。そこで、狭い店で客の滞在時間を短く抑え、スピーディに回していくような業態が伸びるだろうと見込まれていたのです。

今考えても理にかなっているし、実際そのとおりになるわけですが、みんなが同じことをやっても勝てるわけがありません。

それなら、広い店舗で、お客さんがゆったりと滞在できて、車でもアクセスできるという、「逆張り」の発想で店をつくってやろうというのが、父たちのアイデアでした。

5

食卓の経営塾

そのころはまだ、甲州街道も砂利道のような状態で、中央高速も調布から国立／府中間が開通したばかりで利用者はほとんどおらず、多くの人は「一家に一台、車がある」時代が日本に来るなどとは思っていませんでした。

車に乗るのはお金持ちだけ。そして、お金持ちは都心のレストランに行くのだから、国立みたいな郊外に店を出しても誰も来ないだろう。そう考えるのが普通でしたが、それに対して父たちは、アメリカで多くの人が車を利用するのを目の当たりにし、また仕事柄車を使っていたこともあって、必ず車社会は来ると確信したそうです。高速道路ができれば車に乗る人は増えるし、乗る人が増えれば車だって安くなるだろうと考えたのです。

こうして、国立のインターチェンジに程近い、もとは田んぼが広がっていた土地に、すかいらーくの1号店がオープンすることになったのです。

それは、いま見てもとてもかっこいいお店でした。

この章のとびらにある写真が当時の実際の1号店。

父たちがアメリカで見た、ロードサイドのレストランへの憧れを形にしたのでしょう。ガラス張りで天井高は4メートルくらいありました。

もっとも、最初は全然お客さんが来なかった。ガラス張りで人が入っていないのが外から見てもまるわかりなので、余計に誰も寄りつきません。一方で、夜になると、都心からお金持ちが女性を連れてやってくる「隠れ家レストラン」のような存在だったと言います。

さすがにこのままではダメだということで、親戚一同総出でサクラになり、カウンターにもテーブルにも広がってごはんを食べつづけていたら、ようやく少しずつお客さんが入るようになりました。

それこそ冗談ではなく、入口で靴を脱ごうとするお客さんがまだたくさんいた時代の話です。

店構えだけでなく、メニューも本場の雰囲気を日本なりに再現しようと模索するなかで、ピザが生まれ、ボウルで提供するコーンスープが生まれ、ハンバーグステーキが生まれ……最初はパンを出していたけれど、やっぱりご飯だよね、ということで、日本独特の「ファミリーレストラン」という業態が形づくられていったわけです。

質と量の話

そんな1号店からあっというまに店舗が増えていった背景には、のちに「すかいらーく方式」と呼ばれるビジネスモデルがあります。

当時は、都内で農地の転換が進んでいました。転換する先はマンションかガソリンスタンドが定番でしたが、マンションが増えるということは人も増えるわけだから、そこにレストランができればお客さんも入るだろう。そう考えて、田んぼや畑を一部店舗にしたいという農家さんが増えていったのです。

そんな農家さんたちに建物をたててもらい、出店コストを抑えるのが「すかいらーく方式」。金融機関もこの動きを後押しし、積極的に融資を行いました。

農家さんにしてみれば初期費用で大きなリスクを取らずに開店できるとあって、うちもうちもとどんどん広がっていき、瞬く間に郊外から都市へ、さらには全国へと波及していったわけです。

こうしていったん走りはじめた事業はものすごいスピードで成長し、その成長に耐えるインフラを整備していくうちに、誰がやっても同じように再現できる基準がととのい、その基準に則ってさらに拡大しつづけていきました。

いつでも同じメニューがある。どこのお店でも同じクオリティの料理やサービスが提供される。それが求められている時代には、「金太郎飴」であることがむしろ重要だった。

それと引き換えに薄れていったのが、最初に目指していた「ワクワクするようなお店」への想いや、そこで働く人たちの熱量だったのではないか、そう思わずにはいられません。

その後、バブルが弾《はじ》けるころにはすかいらーくはグループ全体で全国3000店舗に近づき、同じエリアにある店と店の距離が近くなりすぎた結果、自社競合が起きるほどになっていました。

そこから原点に立ち返るかたちで「ガスト」が生まれ、大きく旋回していくものの、時代は容赦なく変化していき、最後は創業者である父たち兄弟が全員会社を去るという、大手術を伴う改革を行わざるを得ないところまで至る結果となりました。

事業が拡大すること自体は決して悪いことではなかったはずが、いつのまにか、「なんのために大きくなるのか」という想いが現場で薄れ、足元を見失ってしまった。それだけ、世の中が動いていくスピードが速かったとも言えます。

そうした流れをすぐそばで見てきたこともあり、僕は事業の拡大そのものには、実はあまり重きを置いていません。もっと言えば、前年比マイナスの年があっても構わないと考えています。

時代の変化を見極めて、世の中に「半歩先」の提案をしつづけるには、既成概念にとらわれず、誰もやっていないことにチャレンジする必要があります。

実例がないことに挑戦するのだから、うまくいかないことがあっても当たり前だと思うのです。

もっとも、一方では、成長しつづけることは会社を長く続けていくためには、欠かせません。

だからこそ、ウェルカムという船団を通じて〝質〟と〝量〟の葛藤をどう解くか、量によって本質が薄まらないスピードとやり方で成長するために必要なことは何か。

その鍵を見つけるのが、僕自身のチャレンジでもあります。

5

食卓の経営塾

ビジネスを
持続可能にするのは、
本来の適性サイズを
見極めることである。

philosophy

おいしいものばかり食べるな

父と並んで大切な学びをくれたもうひとりの「食卓の経営塾」の教授といえば、もちろん、ディーン&デルーカ創業者のデルーカさんを忘れるわけにはいきません。

デルーカさんからは、本当にたくさんのことを教えてもらいましたが、今も鮮明に覚えているのが、「おいしいものばかり食べるな」という言葉です。

ウェルカムでは「感性の共鳴」という考え方を理念に掲げています。「これいいね!」という感性でつくり手の方々とつながりながら、その感動をお客さまへお届けしていくのが僕たちのミッションです。

では、「これいいね!」という感性は、いつ、どうやって身につくものなのでしょうか。それは、生まれながらに「センスのいい」人だけが持ち合わせている特別な感覚なのか?

……当然、そんなことはありません。

感性とは「体験」によって
磨かれる。

philosophy

5

食卓の経営塾

感性とはもともと備わったものではなく、「体験」によって磨かれる、というのがデルーカさんの教え。そのことを、口が酸っぱくなるくらい繰り返していました。

食べ物にしても、絵や音楽などにしても、子どものころはあれこれ考えずにいろいろ食べたり、見聞きしたりしていたはずです。それが大人になると、みんな「知ったかぶり」をするようになる。

人がおいしいと言った店にしか行かなくなり、人がすばらしいと言うもの、あるいは有名なものを、無条件にありがたがるようになります。

しかしデルーカさんは「おいしいと言われるものを疑え」と強調するのです。

そもそもデルーカさんが店を始めたきっかけのひとつが、1970年代のアメリカで化学調味料や保存料などを使った食品が蔓延《まんえん》している状況に疑問を感じたからでした。

化学調味料をおいしく感じるのは当たり前。なぜならそういうふうに「設計」されているものだから。だけど、人間の味覚はそれほど単純なものではない。

最初はおいしく感じたとしても、それをずっと味わいつづけていると飽きがきます。

化学調味料の味しか知らない人にとっては、それがおいしさの基準でありつづけるかもしれないけれど、噛みつづけるほどにうまみが出てくるような本物の食材の味を知った人にとっては、味として濃すぎるし、雑味を感じるようにもなる。

そんなふうに、自分自身の「体験」を通して感性を磨いていくことが大切なのだと、デルーカさんは僕に教えてくれました。

「バッドネス」を理解する

もっと言うなら、「おいしくないと言われているものも試してみて、どうしてダメなのかを感じろ」というのがデルーカさんの持論でした。

デルーカさんは「グッドネス／バッドネス」という表現を使っていましたが、おいしいもの《グッドネス》ばかりを追いかけてはいけない。まずいもの《バッドネス》を知っているからこそ、グッドネスが理解できるというわけです。

もしかすると、自分では今おいしくないと思うものや、つまらないと感じることが、経験を重ねながら感性を磨くうちに、鳥肌が立つほどすばらしいものに感じられるようになることだってあるかもしれません。

5

食卓の経営塾

2006年、ニューヨークにデルーカさんを訪ねて。

様々な絵画に触れていると、最初は「ラクガキ」だと思っていたピカソの絵のすばらしさに気づき、少年時代から飛び抜けた画才で知られたピカソが、後年あのような画風に行き着いた意味も理解できるようになったりするものです。

デルーカさんは「美しいオペラほど眠れるものだ」とも言っていました。それを、深く体験することもなく「つまらない」と決めつけるのは、自分の感性が鈍いことを認めているようなもの。聴きつづけていれば、きっとその美しさが理解できるようになるはずだ、と。

だから、食べず嫌い、飲まず嫌い、読まず嫌い、聞かず嫌いをせず、とにかく「体験」を重ねること。

そうすれば、自分の中に独自の判断基準を持つことができる。それこそが感性だ――それが、デルーカさんが様々に表現や言葉を変えて、僕らに伝えたかったことなのだと思います。

自分の「リアル」を信じろ

最近の若い人、例えば新卒入社希望の学生さんや、経営をやりたいと言う20代、30代の人たちと話していてよく感じるのは、「思考が企画書から始まっているな」ということ。

「やったことあるの？」「行ったことあるの？」「どうして売れるの？」――こうした質問に対して返ってくる答えが、すべて他人の「情報」に由来していることが多く、言い換えるなら、「リアル」を感じないのです。

情報にはもちろん価値がありますが、何かを生み出したり、自分の考えの軸にしたりするには、「リアル」なくしては絶対に成立しません。そんな「リアル」という感性を自分の中に持つためには、やはり「体験」を重ねていくしかないわけです。

体験には面倒なことも多いし、失敗もするし、時には痛い思いやまずい思いをすることもあるけれど、だからこそ感覚に厚みのようなものが出てきます。それを外部からの情報と合わせれば、情報をツールとして使いこなすこともできる。

情報はあくまで
自分の考えを
補強するための
「ツール」である。

philosophy

でも、情報のほうが先にある人の場合、状況が変わった瞬間、そこにまた新たな情報が追加されるまでフリーズしてしまいます。

感性なき知性（情報）にはなんの価値もありません。また、自分の感性を信じられない人に、何かを生み出すことはできません。

幸い僕の周りには、デルーカさんを筆頭に、自分のリアルを信じているかっこいい大人たちが大勢いました。

「リアル」な感性は生涯磨きつづけられるもの。

だから、歳を重ねても、失敗や面倒、痛い思いやまずい思いを恐れずに、僕はこれからも自分をアップデートしつづけていきたいと思います。

食卓の経営塾のマナー

テーブルマナーと同じように、「食卓の経営塾」にもマナーがあります。

同席する相手に敬意を払い、気持ちよく食事をするのがマナーの目的。マナーを守ってこそ、貴重な学びや気づきも得られます。

最後に、僕なりに大切にしているルールをみなさんにいくつか紹介しますね。

1 「独演会」はNG

意見を交わし合ってこその「食卓の経営塾」。一方的にひとりで喋《しゃべ》りつづけるのはやめましょう。

2 「自分」の話をしよう

人から聞いた話を自分のことのように話すのはやめましょう。借り物のエピソードや意見に対して、本当に自分に刺さるフィードバックは得られません。

3 料理や飲み物に敬意を払おう

どんなに話に夢中になっていたとしても、料理や飲み物を味わう感性は忘れたくないもの。

ひと口味わって「おいしいね」「ワインに合うね」といった感想を交わし合うところから食卓の会話は始まります。それをおざなりにしては、お店の人にも失礼。周りに敬意を払ってその場を楽しみましょう。

4 難しい話はカウンターでしよう

食卓の会話が白熱するのはよくある話ですが、絶交するほど深みにはまっては意味がありません。とくに難しいトピックについて話す場合、僕はテーブルで向かい合って話すのは避け、カウンター席を選ぶようにします。

5 大勢で食べるときはハイテーブル席で

会社の若いメンバーたちと交流するときは、席を随時シャッフルして、会話にグルーブを起こすことを意識します。その時々の化学反応で、思いも寄らない意見やアイデアが出てくることも少なくないからです。

そんな場では、動きやすい「ハイテーブル席」がベスト。誰かがお手洗いに立って戻ってきたタイミングで、さらりと席替えを提案します。

ソファやベンチに腰を落ち着けてしまうと、真ん中にはさまれた人が動けなくなるので、思いのほか会話が跳ねないのです。

5 かわいい子には旅をさせろ

「かわいい子には旅をさせろ」には僕も賛成。なぜなら、体験は感性を磨くから。

僕自身が「人生がシフトした」と実感した最大の体験のひとつが、高校生のときのオーストラリア留学です。

父の知り合いの知り合いがオーストラリアに住んでいて、息子が僕と同い年だったのですが、彼が日本に行ってみたいと思っていたこともあり、「お互いの息子を1年間だけ交換しよう」という話になったのです。金銭のやりとりは一切なしで、生活費はそれぞれ預かっている家庭が払うというシンプルなルール。僕は向こうに行って、向こうの家族のようにごはんを食べ、服も買ってもらうという、アットホームな留学生活でした。

僕が滞在することになったのは、ムールンバー（Murwillumbah）という、当時人口6000人の「田舎町」。街には信号もないし、大きなスーパーもない。もちろん、

COLUMN

Follow the Roots

日本人を見かけることなんてない。これはとんでもないところに来ちゃったな、というのが正直な第一印象でした。

それでも、不思議と疎外感を覚えることはありませんでした。オーストラリアはもともと移民が多い国。先住民がいて、そこにイギリス人がやってきて、第二次世界大戦後はさらに様々な国から移民が入ってきて、多様性に富んでいる。

学校にも、様々なルーツを持つ生徒たちがいます。髪の色も目の色も肌の色もみんな違う。お父さんがスペイン人でお母さんがドイツ人だとか、おじいちゃんがアボリジニでとか、バックグラウンドも千差万別です。でも、「イギリスではこうなんだ」とか「イタリア人はこうするんだ」みたいに誰もわざわざ言い立てたりしません。

はじめてそうした多様性の中に入っていったときに、いい意味で「いろいろでいいんだ」と実感しました。「多様性を認める」というような上から目線の感覚でもなく、お互いが違うことが、本当にごく当たり前のこと。そんな環境にポンと入っていくと、ものすごくオープンマインドになれたのです。

留学生活の天国と地獄を分けるのは最初の3か月。そこで現地の友だちができなければ、その先もなじむのがつらくなってくる。そう思った僕は、友だち――のさらに先、彼女をつくることを目標に、「アイ・ハブ・ア・ペン」レベルだった英語でとにかくみんなに話しかける作戦に出ました。

はたして作戦は成功し、目標だった彼女も無事つくることができました。背が高くブロンドでかっこいいライバルの同級生がたくさんいたなか、いまでも理由は謎ですが、唯一の日本人というユニークさと物怖《ものお》じしない厚かましいキャラクターに興味を持ってもらえたのかもしれません。

そんなふうに毎日山を越えて学校に通い、波乗りやキャンプなど、みんなが自然の中で遊んでいるところに仲間に入れてもらい、毎週末いろいろな家で開かれているホームパーティに呼ばれたりしているうちに、「アイ・ハブ・ア・ペン」レベルの英語はみるみる上達していきましたが、同時に、いつも聞かれる同じ質問に答えられない悔しさがありました。それは「日本ってどんな国なの?」という質問。

「日本料理をつくってくれ」と言われても、コメもまともに炊けないし、「日本の大統領は誰?」と聞かれても、大統領じゃなくて総理大臣なんだよ……という以前に、大統領と総理大臣の違いがわからない。当たり前の質問に答えられないということに、自分の根っこのなさを痛感しました。

実家からレシピや材料を送ってもらい、天ぷらや味噌汁の調理に挑んだものの、天ぷらの衣はブヨブヨだし、味噌汁も味がす

COLUMN

Follow the Roots

ごく薄い。みんな「おいしい」と言ってくれたけれど、僕としては「いや、こんなもんじゃないんだけどな」と苦笑いです。

そのときの経験から、自分のオリジナリティとは何かを突き詰めて考えるようになりました、オーストラリアに行ったことで、オープンであることのよさを感じると同時に、オープンだからこそ、オリジナリティをしっかり持っていないと自分を表現できないという現実を突きつけられたのです。

この気づきは、第1章でお話しした、「フォロー・ザ・ルーツ」というデルーカさんの教えとも呼応することになります。デルーカさんは、食材のルーツをたどることをとても大切にしていました。

つくり手の理念や、地域に根差した文化など、食材が内包するオリジナルな物語こそが、お客さんの感動や共感を呼ぶ……この考え方は、僕のオーストラリア時代の体験ともあいまって、今でもディーン＆デルーカの「柱」になっています。

DRAGON FRUIT

おわりに

この原稿を自宅の食卓で書いている2020年のいま、世界中が大きな苦境に直面しています。

僕たちのお店も、都内のある病院内の医療従事者向け区画と一部店舗のテイクアウト以外、全国全店舗を休業してもうすぐ1か月。当然HOME（本社）も含めて全社リモート態勢になり、これまでなかなか実現に至らなかった新たな働き方を、強制的に受け入れる形となりました。

ちょうど創業して20年、ここまですべてが止まるような経験をするとは想像すらしたことがありませんでした。いったいこの先どうなるのか、先行き不透明なことが多く不安が募るばかりといった状況ですが、足元に目を向けてみたらどうでしょう。

たしかに経済的な不安はあるものの、これだけ長い時間「止まる」ことがなかったからこそ、これまで見えなかったものが見えてきていたりしませんか？

ある部分の豊かさや贅沢を得ようとする分、大事なことが見えなくなっていたり、見て見ぬ振りをしてきたりしたんじゃないか——そんな自分に気づくと同時に、立ち止まることで、本当に大切なモノやコト、つまり「本質」が浮き彫りになってくるのを感じています。

本書でもお伝えしたとおり、ディーン&デルーカは2003年の日本上陸以来、数々の危機に直面してきました。そんななか、これまでも、そして今回も変わらず思うことは、ピンチはチャンスだということ。

僕らがいままさに直面している有事は世界規模の危機であり、かつ終わりの見えない戦いということもあって、みるみるうちに人々の価値観が変わり生活のスタイルが激変していくだろうと思います。

こんなふうに大きく潮目が変わるときは、前とそっくり同じところに戻れることはないけれど、いままでの経験を生かしながら「次」へとシフトすることさえできれば、その先に新しい可能性がたくさん生まれ、大きな広がりにつながることもある。まさに宝の山でもあるのです。

大事なのは、世の中で変わることと変わらないこと、そのなかで自分たちが変わるべきことと変わらなくていいことの見極めです。

僕自身を振り返ると、引っ越し続きの子ども時代や留学先の家族とのくらしといった経験を経て、家で過ごす時間の充実が、くらしの豊かさの原点にあると思っています。まさに事業としての根っこが「家」にあるわけです。その意味では、昨今の「ＳＴＡＹ ＨＯＭＥ」にも通じるものがあるかもしれません。

この先、事業としての仕組みや提供する商品、その届け方など、変わらざるを得ない部分が多く出てくると思いますが、家の中でのくらしに対する人々の興味や感度はより大きくなり、それに対して自分たちにできることはきっとたくさんあるはずで、視点を変えれば、本来向き合いたかったことを事業として提案するチャンスだとも言えます。

インターネットを使った様々なサービスはこの先、飛躍的に伸び、生活の中でさらに不可欠なものになっていくでしょう。

もちろん、そうした流れを事業に組み込み新たな価値を生みだすことには挑戦のしがいがありますが、一方でオンラインでの買い物やビデオ通話での対話などが増えれば増えるほど、人は「リアル」に特別感を抱くようになっていく。

実店舗での外食や買い物はもちろん、その先にある生産者や産地への興味、自然との関わり、物理的に距離を超える旅といったものに向けられる期待感やニーズはさらに高まっていくのではないでしょうか。

その中でいかに選ばれる存在になれるか。その問いに欠かせないのが、「人」が生み出す魅力、つまり「個性」であり、事業やチームとしては「個」が生きる環境をつくるマネージメント力です。もっと言えば、お客さまも、「何をするかよりも、誰と過ごすか」という、リアルな「関係性」をより重要視する時代になっていくような気がします。

そういう意味では、今苦境に立たされている「個人店」こそ、大切にすべき存在だと思います。

ありがたいことに、僕たちは豊かな個性を持ったつくり手やそこに関わる人たちと、これまでたくさん出会ってきました。つくり手の想いやこだわりは、彼らがつくり出すものに表れる。だからこそ、どんな状況であっても、伝えたい、伝えなくてはいけないという使命感に掻き立てられます。

改めて、そうした出会いの中にある価値を再認識すると同時に、事業としてどんなに形が変化しても、その価値観に嘘をつかず、誇れるものであり続けることを大切にしたいと思います。

そして、お客さまへ届ける自分たち自身がワクワクすること、感性や哲学《フィロソフィー》をサイエンスで裏付けて、事業をより長く続けること。それらの挑戦を続けながら、個性豊かな物語を伝え、世界に誇る日本のくらしを彩る存在でありたいと願っています。

2020年5月

横川正紀

お礼の言葉

会社を創業して20年間、もっと言えば、生まれてからの47年間を振り返ってみると、「この人に出会わなかったら今日の自分はないな」と思うくらい本当にたくさんの出会いに恵まれてきました。

学生時代からイベント企画の師匠だった廣瀬紳一《ひろせしんいち》さんの紹介で、「ジョージズファニチュア」の生みの親であり、共に創業した天野譲滋《あまのじょうじ》（ジョージ）さんと出会い、街の色になるくらいの「店づくり」の魅力を知り、その後の多くの人とのご縁につながっていきました。そのひとりが、駒沢の「バワリーキッチン」をはじめ日本でカフェ文化を浸透させた山本宇一《やまもとういち》さんです。宇一さんに出会い、しつこいほどこだわりを形にする時間を共にし人格のある店づくりを学ばなければ、「ＣＩＢＯＮＥ」が生まれることはなかったし、「ディーン＆デルーカ」の骨格をつくることもできませんでした。

本書のコラムでも触れた卒業制作のゲスト審査員、安藤忠雄《あんどうただお》さんの双子の兄弟であり、唯一就職を希望し問い合わせた北山創造研究所の北山孝雄《きたやまたかお》さんには、まさに人とのつながりからはじまる街づくりを教わりながら多くの出会いのきっかけをいただき、今でも数々の先輩方と公私ともに濃いお付き合いをさせていただいています。

あのときの安藤さんの予言どおり、店づくりや施設づくりを通してたくさんの建築家やデザイナーの方々と出会い、その度にデザインにできることや、長く残っていく「場の力」の価値を一緒に探り、考え、生み出しつづけることができています。今では自分たち独自の業態をつくることになりましたが、最初のきっかけやその土台づくりでは、明治屋の磯野計一《いそのけいいち》さんや伊藤忠の岡藤正広《おかふじまさひろ》さん、諸藤雅浩《もろふじまさひろ》さん、ロックフィールドの岩《いわ》田弘三《たこうぞう》さん、サザビーリーグの鈴木陸三《すずきりくぞう》さん、IDÉEの創業者である流石創造集団の黒崎輝男《くろさきてるお》さん、Francfrancの髙島郁夫《たかしまふみお》さんなど多くの経営者の方々にたくさんのきっかけや学びをいただき、そこからまた多くのご縁もいただきました。

お取引の有無にかかわらず、強いこだわりを持ったつくり手や作家、デザイナーの皆さま、まだ世の中に知られていない食材やプロダクトを届けようとする方々、街づくりに関わる方々など、この20年間、食やデザインを通して様々な形で生活に関わりをもつ方々に出会い、刺激をいただき、その接点から、こうして今たくさんの価値を届ける機会に恵まれています。

この本を出版するにあたっても、偶然にも高校時代の友人との再会をきっかけに意気投合し、また多く語らずとも共感できる素晴らしいチームの皆さんとご一緒できたことを心から感謝しています。

もちろん、ジョルジオ・デルーカさんやマイケル・シビリアさんに出会わなければ、この本を書くことはありませんでしたし、デルーカさんからの大切な学びの一部は本書の中でも生きています。そんなディーン&デルーカとの出会いも、誰よりも前にその可能性を見抜き本国との架け橋になり続けてくれた、当時アメリカの伊藤忠にいた山路《やまじ》輝《てる》高《たか》さんや、その後うちに5年も出向し事業の基盤をつくってくれた伊藤忠の月間《つきま》啓文《ひろのり》さんとの出会いなくしては続かなかったでしょう。

そうした素晴らしい出会いがあってなお、これまでのすべては僕ひとりでは何も形にできませんでした。

「感性の共鳴」をもとに日々創造しながら、活動を生み支えてくれている社員とパートナーのみんな。２０００人近いウェルカムのメンバー＝仲間がいてくれることは僕にとってかけがえのないことだと思っています。今この瞬間に一緒に働いているメンバーはもちろん、立ち上げ当時のメンバーをはじめ、現在は我が社を卒業してそれぞれに友人やお客さまとしてつながっているたくさんの仲間たちやその友人、ご家族にも、心から感謝しています。

大小にかかわらず、何か新しい気づきが生まれ、コトが起きるところには、必ず人との出会い、つながりがあり、そして時に食卓での楽しい時間があります。

そんな出会いを楽しみながら、多くを学び、いただいたチャンスをなんとか活かしてこられたことが今日につながっていると実感するとともに、心から感謝をしています。

この原稿を書いている2020年の5月、外出自粛のなか今は肝心の「食卓」を気兼ねなく大好きな人たちと囲む時間が持てないことが残念でなりませんが、近い将来また新しい気づきと共に素晴らしい時間が待っていることを楽しみに、これからもまだまだウェルカムとしての挑戦を続けていきたいと思います。


最後に改めて、今日も関わりを持たせていただいている多くの皆さまに心から感謝を申し上げます。

そして、いつも懲りずに付き合ってくれているウェルカムの仲間《メンバー》と、たくさんの教えとともに自由に育ててくれた両親と、日々やりたいことばかりやってしまう自分を支えてくれている家族に心から感謝をし、お礼の言葉とさせてください。

ありがとうございます。

この本が何かのきっかけとなり、読んでくださる方々の新たな出会いと創造につながりますように。

DEAN & DELUCA

UBRIACO
DEAN & DELUCA
DEAN & DELUCA

DEAN & DELUCA

TODAY'S SPECIAL
TODAY'S SPECIALには、いつもの毎日
発見がたくさん。家に持ち帰って、すぐに
そんなモノやコトを提案しま
LIVE WITH THE PLANTS
植物を育てる
GATHER
TODAY'S
EAT & ENJOY
丁寧にいただく

HAY

GEORGE'S

Like Saturday
GEORGES
BRINGING A SMILE
COF
COF
GEORGE'S
GEORGE'S

GOOD
CHEESE
GOOD
PIZZA

Sail On!

「心に響く、在りたい未来に向かって。」

カバー写真

恩田拓治　TAKUJI ONDA

本文写真／口絵写真

阿部 健　TAKESHI ABE
奥田正治　MASAHARU OKUDA
木村 拓　TAKU KIMURA
下屋敷和文　KAZUFUMI SHIMOYASHIKI
出牛久美子　KUMIKO DEUSHI
中垣美沙　MISA NAKAGAKI
西 将隆　MASATAKA NISHI
西原秀岳　HIDETAKE NISHIHARA (STUDIO TENT)
福井靖二　YASUTSUGU FUKUI
牧口英樹　HIDEKI MAKIGUCHI
森本菜穂子　NAHOKO MORIMOTO
吉原重治　SHIGEHARU YOSHIHARA
吉村昌也　MASAYA YOSHIMURA
結城剛太　GORTA YUUKI
JAY BIERACH
JULLIAN EDELSTEIN
NACASA & PARTNERS INC.

コラージュデザイン／コラムイラスト

青柳コウキ　KOKI AOYAGI
小島文枝　FUMIE OJIMA

船団「2020」

ART WORK BY MITSURU KOGA

編集協力

藤田美菜子

SPECIAL THANKS TO
YOSHIE AMANO(PANTRY-CLOSET INC.)
HIROYUKI SUGIHARA
YUJI TANI(GATHER INC.)
ALL WELCOME MEMBERS

横川正紀
MASAKI YOKOKAWA

ウェルカムグループ代表。1972年東京生まれ。京都精華大学美術学部建築学科卒業後、2000年に株式会社ジョージズファニチュア（2010年に株式会社ウェルカムへ社名変更）を設立、DEAN & DELUCAやCIBONEなど食とデザインの2つの軸で良質なライフスタイルを提案するブランドを多数展開。その経験を活かし、商業施設やホテルのプロデュース、官民を超えた街づくりや地域活性のコミュニティーづくりへと活動の幅を拡げている。武蔵野美術大学非常勤講師。

食《しょく》卓《たく》の経《けい》営《えい》塾《じゅく》
DEAN & DELUCA
心《こころ》に響《ひび》くビジネスの育《そだ》て方《かた》

2020年6月19日　第1刷発行

著者
横川正紀

発行人
鈴木幸辰

発行所
株式会社ハーパーコリンズ・ジャパン
東京都千代田区大手町1-5-1
03-6269-2883（営業）
0570-008091（読者サービス係）

印刷・製本
中央精版印刷株式会社

ISBN978-4-596-55156-6